中学校
英語科主任の仕事術

実務が必ずうまくいく

江澤隆輔 [著]

55の心得

明治図書

はじめに

　はじめまして。福井県で中学校教員をしている江澤隆輔と申します。普段は，教室で生徒たちに「英語は楽しい！」と感じてもらえるよう奮闘しつつ，Voicy や X（旧 Twitter），自分で勝手に立ち上げて勝手に運営している「英語教員がちサロン」を通じてぼちぼち発信もしています。

　正直なところ，私の SNS やオンラインサロンでの発信は「教育者らしくしっかりした情報」とは少し異なり，時に笑いを交えながら，英語教育や働き方に関するリアルな思いを綴っています。その中で，意外にも共感や反響をいただき，「こういう情報をもっとまとめて書いてほしい」という声をいただくようになりました。本書『英語科主任の仕事術』は，そんな声に背中を押されて生まれた一冊です。

　さて，英語科主任という役割は，実に「絶妙なポジション」です。一歩間違えれば板挟みの連続，でもうまく力を発揮すれば学年全体やチームをドラスティックに動かせる力をもっています。私はこの役割を「学校版・影の中間管理職」と呼んでいます。中間管理職というと，教頭職が思い浮かびますが，英語科のスタッフをまとめ上げながら，それでいて校長・教頭からのプレッシャー（？）も感じる。でも，リーダーシップを発揮しながらも，決して独り相撲にならない。英語科主任を経験されたことのある先生ならわかってくれるのではないでしょうか。

　大切なのは，上下から圧と熱を感じながらも，信頼を築き，周囲の力を引き出しながら，目標に向かって進んでいくことです。本書では，そんな主任というポジションで得た経験や，日々の授業や仕事の中で培った「これ，意外と役立つな」という工夫をたっぷり詰め込みました。

執筆にあたり，まず感謝を伝えたいのは私の家族です。妻には，「執筆は頑張ってほしいけど，家事をサボる言い訳にしないでよ」と釘を刺されながらも，ときには「執筆している姿がカッコいいね」とおだててくれるおかげで，私はその気になってこの原稿を書き続けることができました。そして，息子たちと娘からは，元気と笑いと，ときには「おとうさん，またしごとしてるの？」というプレッシャーをもらいました。いつもどうもありがとう。

　最後に，この本を手に取ってくださった皆さんへ。本書は「英語科主任の教科書」ではありません。「仕事術」と銘打っていますが，「こんなやり方もあるんだ」と気楽に読んでいただければ幸いです。そして，この本があなたの職場や日々の授業を少しでも楽しく，効果的なものにする手助けとなれば，これ以上の喜びはありません。

　それでは，本書とともに，英語教育の現場に風を吹かせていきましょう！

2025年2月

江澤隆輔

もくじ

はじめに　002

第1章
授業準備の効率化

01　ワークシートをテンプレ化する　010

02　単元を見渡して授業をつくる　012

03　音声データを一括管理する　014

04　学校外にも教材のシェアをする　016

05　AI に問題作成を相談する　018

第2章
オンライン・配信ツールの有効活用

06　1年間を見通したリマインダーで未来の自分を楽にする　022

07　単元テストは生徒に採点してもらう　024

08　長期休業中も英語で生徒同士をつなげる　026

09　しゃべる英単語テストを導入する　028

10　英語科掲示板をつくり家庭と学校をつなぐ　030

11　YouTube に動画を投稿する　032

12　AI で一般業務を効率化する　034

13　Padlet を活用して英作文指導をする　036

14　YouTube をうまく使って学校・自治体の「財産」をつくる　038

15　課題クリア型授業で主体的な学びと達成感を育む　040

第3章
英語指導力を高める仕組みづくり

16 年度はじめ・春休みの会議に集中する 044

17 気軽に連絡を取り合える環境をつくる 046

18 授業を見合う仕組みをつくる 048

19 英語通信を通して学習法を発信する 050

20 インターネット上に資料を保存して，ペーパーレスを目指す 052

21 全国の英語教員とつながる 054

22 ウェビナーや学会に参加する 056

23 専門書を定期購読する 058

24 定期的なおしゃべり会を開催する 060

25 外部講師を招聘する 062

26 英語科部会を定期的に開催する 064

27 年度のスタートは CanDo リストの確認と評価方法を伝える 066

28 テストが終わったら教科面談をする 068

29 教科書の使用方法を英語科全員で確認する 070

30 若手の先生が授業を見られる仕組みをつくる 072

第4章
迅速なフィードバックを実現する仕組みづくり

31 自動評価ツールをうまく使う 076

32 英作文の指導方法を押さえる 078

33 教科面談で生徒の学習状況を把握する 080

34 英作文のフィードバックを AI にやってもらう 082

35 「英作文問題集」で生徒のライティング力向上と自己成長を促す 084

第5章

教材の共有・共用化

36 共有フォルダを充実させる 088

37 授業を「型化」して共有する 090

38 地区内での交流会をする 092

39 空き教室を有効に使う 094

40 生徒への授業アンケートを実施する 096

第6章

ALT との連携・協力体制

41 テストの内容を ALT に確認してもらう 100

42 ALT 交代時にやることを押さえておく 102

43 ALT の「状況」を考えてうまく授業を構成する 104

44 ALT と一緒に学校全体を英語の渦に巻き込む 106

45 パフォーマンステストは ALT と協力して行う 108

第7章

生徒の自主学習力の向上

46 自律的に学習できるように具体的な道筋を示す 112

47 自主学習の道のりを提示する 114

48 自律学習のサポートは「夢の設定」から行う 116

49 Quizlet を使って語彙学習をする 118

50 TypeGO を使って語彙学習をする 120

第8章
効果的・効率的なテスト作成

51 Google アカウントを立ち上げる　124

52 テスト問題はテンプレ化する　126

53 たまには長文問題を AI につくってもらう　128

54 リスニング問題は授業中に扱う　130

55 いつでもテストをつくれる環境をつくる　132

Column

1　1人1台タブレットの導入でガラパゴス化する学校　020

2　主任の仕事はスタッフをチームにすること　042

3　本格的に書く前に，まずは書くことそのものに慣れる取り組みを　074

4　休もう　086

5　言いたいことはちゃんと伝えよう　110

6　英語ができないのは，正しく教えていないから　122

おわりに　134

もくじ　007

第1章
授業準備の効率化

01 ワークシートをテンプレ化する

大規模校では，英語の先生方がたくさんいて意思の疎通が難しくなる。ただ，統一すべきところを考え，どの学年でも一貫して授業づくりをすれば，大幅な働き方改革になるだろう。

ワークシートをテンプレ化してみよう

　現在の教科書のつくりは，大体どの学年でも同じようになっています。教科書にもよりますが，ユニットやレッスンの前半に会話文でその表現や文法を学び，後半では読み取りが主ではないでしょうか。

　そこで，前半の会話文などで使うワークシートの様式，後半の読み取りで使うワークシートの様式をつくり，学年の先生方に使ってもらうと大規模校でも足並みを揃えた授業ができます。

　例えば，読み取りのパートではＱ＆ＡとＴ／Ｆを必ず入れ，最後にテーマに関する簡単な英作文を書かせるなど決めておけば，先生方もワークシートづくりが容易になります。

　ただ，注意点としては**揃えすぎると先生方の自由な発想や個人的に実践したいことを行う余白がなくなります**。そこで，英語科の先生方でしっかりとコミュニケーションをとって，どこまでを揃えて，どこからを授業者の裁量とするか決める必要があります。

3年後にどのような生徒になっていてほしいか解像度を上げよう

　4月に中学1年生として入学してきて，3年後の卒業時にどのような英語力をもっていてほしいか解像度を上げます。

なんとなく，「英語ができるようになっていたらいいな」ではなく，例えば「読む」技能ではだいたいどれくらいのWPMを目指すのか，「書く」技能ならどのようなテーマに関してどのくらいの語数を書けてほしいのか，**解像度を上げて3年後を想像します。**

　その手助けをしてくれるのが，教科書に付属されているCanDoリストと各自治体の公立高校入試です。教科書には事細かくCanDoリスト（に準ずるもの）が記載されています。

　また，公立高校入試を見れば，自治体がつけてほしい英語力を理解することができます。それらを読んでみて，3年後につける英語力から3年間を逆算していきましょう。

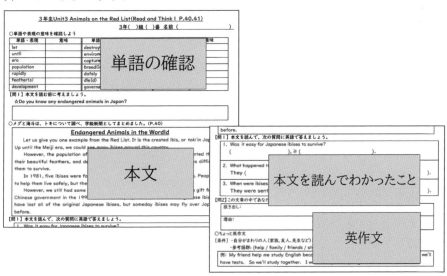

図のような構成で1枚にまとめています

ポイントは「3年間を見通す力」。授業の効率化を図りながら，求められている英語力の解像度を上げよう。

第1章　授業準備の効率化　011

02 単元を見渡して授業をつくる

> 1時間の授業のみならず，単元全体をテンプレート化して授業をしていくと授業づくりに迷いがなくなる。
> 迷いがなくなると，生徒の安心にもつながっていく。

文法指導中心の授業

英語の授業は「文法指導中心」と「教科書本文中心」の2つのアプローチがあり，それぞれの特性を生かして授業を進行しています。

まず，文法指導中心の授業では，新しい文法事項の導入と定着を目的とします。授業の冒頭では，導入のために英語の歌やミュージックビデオ，ボキャブラリービルディングのための練習をウォームアップとして行います。毎時間同じような練習をすることで，安心して授業をスタートすることができます。

続いて，Q&Aやチャット，リーディング活動を通じて基本的な語彙と表現を練習し，文法事項の理解を深めます。特に，導入時に設定したゴールを意識しながら，生徒が文法を実際に使用する機会を増やしていくことがポイントです。

また，文法の説明を短く簡潔に行い，生徒が自ら考えて使用できるようにすることで，理解を深めるようにしています。

教科書本文中心の授業

教科書本文中心の授業では，リスニング，リーディング，スピーキング，ライティングの4技能をバランスよく育成します。

授業の開始時には文法指導と同様にウォームアップを行い，その後，教科書の本文を使用した活動に移ります。本文の内容を映像で確認したり，ペアワークで練習を行ったりすることで，生徒は実際の状況に即したコミュニケーション力を身につけることができます。

　さらに，本文の内容に基づいた発音練習やディクテーションを取り入れることで，全員参加型の授業を展開します。

　このような授業を行う前に単元計画を効果的に立てるためには，明確なゴール設定とその達成のための具体的なステップが不可欠です。各単元では，「目的・場面・状況」を設定し，生徒が実際のコミュニケーションで使用できるスキルを育成することを目指します。

　また，授業ごとの言語活動を定め，生徒の思考力や表現力を育てることを重視します。時間配分についても，各活動に適切な時間を割り当て，バランスよく学習を進めることが求められます。

　基本的には，単元1時間目，2時間目に文法中心の授業を行い，3時間目から教科書の本文指導を行いながら簡単なアウトプット，単元の最後に言語活動を行います。

　このように，学校の実態や先生方のスタイルに応じて，授業のみならず，**単元全体をテンプレート化して授業をしていくと授業づくりに迷いがなくなります。**

文法指導と教科書本文指導の観点から，生徒たちにアウトプットさせたい内容を考えよう。

03 音声データを一括管理する

CDとラジカセの時代はもう終わり。代わりに音声をすべてデータ化。いつでもアクセスできる場所に置いておけば，授業で手間取らない。

音声をデータ化しよう

英語の授業をする上で，非常に大切なことなのに意外に手間取るのが音声データの準備です。

例えばリスニング教材を購入している学校なら，CDやQRコードでの再生をしていると思います。しかしこれでは時間がかかります。

CDはラジカセも授業に持っていかなければならないですし，QRコードにしても毎回読み込む必要があります。

CDはサーバーに取り込み，QRコードはすべてショートカットに

CDの場合は，いつでもアクセスできる場所に取り込んで置いておきましょう。取り込みさえ終われば，いつも持ち歩いているパソコンで再生できます。

また，QRコードの場合は**年度当初などに1年分をショートカットにして整理しておきます**。そうすることで，いちいち読み込む手間も省くことができます。

また，問題として優秀なのが英語検定のリスニング問題です。ウェブサイトで検索してホームページを見ることで，リスニングの問題をいつでも聞くことができます。

これは余談ですが，先生方に「生徒たちの英語力を定期的に外部試験で図りたい！　でも高い料金は出せない…」というお悩みがあるのなら，英検IBAをおすすめします。500円で生徒たちの英語力をスコアとして算出してくれますし，オンラインで行えば4技能の試験も割安で受験できます。「生徒たちの英語力の定点観測に」と使用されている学校もあります。

- 英語検定3級
- 英語検定4級
- 英語検定5級
- 確認テスト問題音源
- 学力診断問題
- 教科書音源1年生
- 教科書音源2年生
- 教科書音源3年生
- SASA

このように各種音声データをフォルダ分け

リスニング音源をデータ化し，先生方がアクセスしやすい環境づくりも英語科主任の仕事。

第1章　授業準備の効率化　015

04 学校外にも教材のシェアをする

学校内で教材の共有をしている学校は多いはず。
でも，せっかくならもっと広い視点をもって教材を共有してみませんか。

教材はシェアすればするほど価値が出る

　先生方がつくったワークシートなどを校内でシェアしている学校は多いと思います。大規模な学校なら学年ごとに英語の教員がいますし，学年ごとに担当を決めてワークシートをつくれば効果的に働き方改革ができると思います。しかし，教材はシェアすればするほど価値が出ます。学校内にとどまらずに，自治体の中で教材をシェアしてみてはいかがでしょうか。

　私は地区内（大規模校ばかり7校あります）の英語科の主任の先生方が集まる研究会で，教材をシェアできるようにネット環境を整備しました。その方法はとても簡単で，無料の範囲で Google アカウントをつくりそのドライブの URL を先生方にシェアするだけです。

　ドライブのフォルダを学年ごと，ユニットごとにつくり，先生方につくった教材を放り込んでもらいます。

　先生方は，他の学校の先生がつくったワークシートなどを参考にできるし，お互いどんな授業をしているかも垣間見ることができます。

なんなら，日本中をつなげるシステムをつくっちゃえ

　いろいろなことが重なった時期があります。その年は，学習指導要領が改訂されたばかりで，日本中の先生方が評価方法に迷っているタイミングでし

た。

　また，コロナ禍で積極的なペアワークや話し合い活動が禁止され，コミュニケーションを基礎とする英語科はほとんど八方塞がりの授業運営を強いられました。

　それでも指導要領では「対話的な」授業を要求しています。

　さらに，GIGAスクール構想が始まり，1人1台のタブレット端末を英語の授業でどう取り入れていけばよいものか，日本中の英語科の先生方が迷いました。

　そんな時期に，「日本中の英語の先生が迷っているなら，日本中をつなげてしまえば誰か解決してくれるのでは」と英語教員に特化したオンラインサロンをつくりました。

　立ち上げから半年でそのメンバーは300名を超え，今では1000名を超える英語教育関係者がメンバーとなっており，日夜効果的な英語授業を議論しています。

　もちろんサロン内では教材のシェアをしており，日本中の英語教員を巻き込んでよりよい英語教育のために活動しています。

教材はシェアできればできるほどいい。日本中を動かすムーブメントを起こそう。

05 AIに問題作成を相談する

> AIは活用できているだろうか？
> AIにテキストを読み込ませ、Q&A問題や要約問題などをつくってもらうと、すぐにワークシートができる。

教科書にもQ&Aが記載されているけれど…

　教科書の長文を読むときに教科書にQ&A問題は数問記載されています。

　しかし内容が難しすぎたり、数が少なかったりと「もっと…こう…あるだろう」という状況は英語の先生なら感じることもあるはず。でも一から内容理解の問題をつくるには時間がないし…というときには、AIにその作成を手伝ってもらうのはいかがでしょうか。

　試しに英語の長文をChatGPTに読み込ませ（データは教科書付属のDVD）、内容把握問題をつくってもらったところ、1分もかからずに10問をつくってくれました。

　また、問題が疑問詞を含むものばかりだったので、Yes/Noクエスチョンも混ぜてと指示をしたらすぐに返答してくれました。

　「この物語を中学生が英語で書いたらどんな内容になる？」と指示をして要約問題をすぐに作成することも可能です。

　ワークシートの作成に困ったら、一度AIに相談してみるのもよいかもしれません。

AIに画像をつくってもらおう

　物語の概要を把握するときに、「場面ごとのイラストを並べ替える」問題

は，生徒たちの理解を助けてくれます。そこで，教科書に付属されている画像もありますが，それらをもっと増やしたいときなどは，ChatGPTを活用してはいかがでしょうか。

　画像を作成するには月ごとに課金する必要がありますが，前述の通りテキストを読み込んで問題を作成するなどAIはイラストの作成も含め，先生方の優秀な「秘書」になってくれます。

　課金することが難しければ，例えば地区の研究会からお金を出して地区の先生方で一緒に使う，中学校の英語科の先生方で少しずつお金を出して共有するなど，うまく利用することも検討してみましょう。

AIはあなたの優秀な秘書。英語の内容理解のためにうまく使って，先生方が働きやすい環境をつくろう。

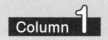

1人1台タブレットの導入で
ガラパゴス化する学校

　全国の学校で進む1人1台端末の導入。その利便性は言うまでもありませんが，実際には学校ごとの活用度に大きな差が生まれつつあります。ICTの恩恵を最大限に享受している学校がある一方で，十分に活用できていない学校も少なくありません。その差は年々広がり，日本の教育における新たな格差を生む一因となっています。

　文部科学省や自治体は定期的に研修会を開き，教員のICTスキル向上を目指しています。しかし，現場の多忙さが壁となり，参加できない教員が多いのが現状です。また，研修会に出席したICT担当教員が得た知識を学校全体に広める余裕がない場合も多く，結果的に活用が進まないという問題も浮き彫りになっています。さらに，教員ごとの使用頻度や活用方法の差も見逃せません。中には，「タブレットは生徒が遊びに使う可能性がある」という懸念から使用を控えるケースもあり，ICT教育の推進をストップさせてしまうことがあります。一方で，タブレットを効果的に授業に取り入れ，生徒の学びを大きく広げている先生も多くいらっしゃいます。自治体主導でAIを活用した個別最適化学習を導入している地域もあり，その成果は高く評価されています。こうした先進的な取り組みを行う学校と，それに追いつけない学校との間には，いわゆる"ガラパゴス化"ともいえる状況が生まれつつあります。この傾向は今後さらに顕著になり，日本全体でICT教育の格差が広がるかもしれません。1人1台端末の導入は，日本の教育を進化させる大きな可能性を秘めています。しかし，その可能性を実現するためには，学校現場の多忙化解消や，全教員がICTを使いこなすための具体的なサポートが不可欠です。すべての生徒が公平にICTの恩恵を受けられる未来を目指し，私たちは今，何をすべきかを真剣に考えるべき時期に来ています。

第2章
オンライン・配信ツールの有効活用

06 1年間を見通したリマインダーで未来の自分を楽にする

校務支援ツールは，うまく活用できれば未来の自分を楽にしてくれる。
年間を見通して職員への連絡などをすべて入力してしまおう。

オンラインを活用して，未来の自分を楽にする

　オンラインの校務システムが導入されて，将来の自分の仕事を助けることができるようになりました。
　校務システムを使えば，職員への連絡をあらかじめ設定しておくことができます。そこで，1年間を見通して，将来忙しくなるような時期をピックアップしておきましょう。あらかじめ英語科の先生方に連絡しておくべきことを設定して，リマインドをつくっておくと将来の自分の仕事を楽にしてくれます。
　私の勤務校ではC4th（シーフォース）という校務システムを使っています。カレンダーから日付を選んで配信時期を設定できるので，私は先生方に連絡したい1年分の事項を，4月当初の段階ですべて入力しています。入力自体は日付を考えながら行う必要があるので時間がかかりますが，おそらくその時期ごとにメンションするよりは時間の節約になっているはずです。

英語科主任として見通すべきこと，リマインドすべきこと

　英語科の主任として，オンラインを使ったリマインダーができるのであれば，以下のようなことを年度当初にリマインダーとして設定しておいてはいかがでしょうか。

①テスト作成

　授業が始まると準備に追われてテスト作成を忘れてしまうものです。英語科の先生方に早めにつくり始めるようにリマインドしておきましょう（テスト3週間前）。

②テスト範囲の入力

　勤務校では2週間前にテスト範囲の入力・配布となっています。できるだけ早めにテスト範囲を決定し，入力するようリマインダーしておきます。

③パフォーマンステストの実施

　現在の評価に関して，特にスピーキングのパフォーマンステストを実施する場合はリマインダーとして設定しておくべきだと感じています。これはペーパーテストでは測ることが難しく，ALTと一緒に行うためスケジュールの調整が必要だからです。

④成績の入力

　これはどの先生も気を張っていることだと思いますが，できるだけ早め早めに入力作業を進めるように英語科の先生方にリマインドしておきます。

　以上のようなことを年間計画が出てくる4月の段階で1年分設定しておくと，将来の自分を助けることになります。

英語科主任は学校全体の英語力を上げるのが仕事であると同時に，英語科の先生方にスムーズに仕事をしてもらうのも仕事の1つ。リマインダーを活用して，将来の自分を楽にしよう。

07 単元テストは生徒に採点してもらう

CHECK!
年間を通じて行うたくさんの単元テスト。
これらを Google フォームで管理するようになれば，大きな時間短縮になる。

単元テスト専用の Google フォームをつくろう

　単元テストの結果を生徒に自己採点させ，その結果をオンラインで回収することで，教員の負担を大幅に軽減することが可能です。

　従来のテストでは，教員がすべての採点を行い，点数の集計や成績処理に多くの時間を費やしていました。

　しかし，自己採点を取り入れることで，まず生徒が自分の答案を見直す機会が増え，間違いを学ぶプロセスが促進されます。

　そして，テスト結果は Google フォームなどのオンラインツールを通じて送信されるため，集計作業が自動化され，手作業によるミスも減少します。

　また，生徒が自己採点を通じて採点基準を意識することで，より客観的な評価観を養うことが期待できます。

　このようなオンラインリマインダーやフォームを活用する方法は，単元テストの結果を一元管理でき，成績管理にかかる手間を減らし，他の業務に集中する時間を確保するのに効果的です。

採点結果は写真で送信してもらおう

　さらに，単元テストの自己採点結果を画像で送信してもらうことで，教員は生徒の採点内容を視覚的に確認でき，誤採点の有無をチェックすることが

容易になります。

　年間を通じて実施される単元テストは多くの学校で導入されているものであり、生徒が自己採点を行うことで、教員の業務時間を大幅に削減することができます。

　また、オンライン上での回収により、テスト結果の管理がペーパレス化され、成績データの蓄積や分析も容易になるため、効率的な教育改善が可能になります。

　特に、採点のプロセスを自動化することで、時間のかかる手作業を減らし、生徒へのフィードバックを迅速に行えるようになるため、学習効果の向上にもつながるでしょう。

　このようなICTを活用した業務効率化は、現代の教員にとって欠かせないスキルとなっています。

各種テストをフォームで作成しています

生徒の自己採点とオンライン回収で教員の負担を軽減する。年間を通して行えば、時短効果は大。

08 長期休業中も英語で生徒同士をつなげる

長期休業になると，同じ部活動や特別に仲のよい生徒同士でしか会わなくなる。そこで，Padlet を利用して長期休業中も生徒同士を英語でつなげておく工夫を紹介。

取り組みの概要と目的

　長期休業に入ると，同じ部活動をしている生徒や特に仲の良い生徒同士以外は自然に距離ができてしまいがちです。これは，生徒同士の交流が薄くなり，学級内の絆が一時的に希薄化する原因になります。

　そのような状況を避けるために，私は **Padlet という教育掲示板を活用して，生徒たちが夏休み中も英語でつながり続けられるよう工夫**しています。

　夏休み中に生徒が Padlet にアクセスし，その日の日記を英語で投稿します。生徒たちは，日々の出来事を短い英作文として記録することを通じて，英語のライティングスキルを実践的に磨くことができます。また，生徒が投稿する日記を通して，お互いの夏休みの過ごし方や経験をシェアすることで，クラス全体でのつながりを保ち，休業中でもクラスメートの存在を身近に感じられる環境をつくることができるのです。

　Padlet には写真や動画を添付する機能があるため，生徒たちは自分の過ごした時間をより視覚的に共有することができます。例えば，家族と海に行ったことや自分でつくった料理の写真など，普段の学校生活では見せられない側面をクラスメートに伝えることで，休み明けに「夏休み中はこんなことをしていたんだ！」といった話題が自然と生まれやすくなります。

Padlet 掲示板の活用方法

　夏休みを以下の３つの期間に分け，それぞれの時期に対応した掲示板を設けることで，投稿が整理されやすくなります。

夏休み序盤（７月いっぱい）
夏休み中盤（８月１日からお盆ごろまで）
夏休み終盤（お盆から８月下旬まで）

　このように掲示板を期間ごとに区切ることで，生徒たちが自分の投稿がどの時期のものかを振り返りやすくなるとともに，それぞれの時期に応じたトピックや思い出をシェアしやすくなります。また，この区分けによって，生徒が投稿を怠らずに継続しやすい環境が整えられます。

　夏休み明けには，夏休み中に投稿した英作文３つのうちから１つを選び，「My Summer Vacation」というタイトルでクラスメートに発表してもらいます。この発表の目的は，自分の夏休みの経験をクラスメートに英語で伝えることで，ライティングの成果をスピーキングへとつなげることです。これにより，英作文の内容を他の生徒と共有し合い，英語でのコミュニケーションを活性化することができます。

　長期休業中にPadletを使って日記を英語で書き，お互いの様子をシェアするこの取り組みは，単に英語力を維持するためのものではありません。**生徒たちが自分自身の夏休みの経験を英語で表現することで，クラス全体でのつながりを保ち，学級内の関係性を強化することができます。**

生徒同士のつながりを深め，学級全体の一体感を保ちながら英語の力を育むきっかけとする。

第２章　オンライン・配信ツールの有効活用　027

09 しゃべる英単語テストを導入する

Quizlet や Kahoot!，その他のタイピングプラットフォームを使えば，しゃべる英単語テストをつくることができる。これまでの英単語テストの常識を刷新しよう。

Quizlet を使いこなそう

　私の授業では，Quizlet を使って「しゃべる英単語テスト」を導入しています。

　これまでの英単語テストでは，先生方が問題をつくる→印刷する→配布する→生徒たちが解く（一度だけ）→回収する→採点する→配布するという，今となってはとても煩雑な流れでした。しかもそれをすべてのユニット・レッスンで行っていたときもあります。

　「生徒たちにどうしてもこのユニットの英単語を手書きで書かせたい」というねらいがあるのであれば別ですが，**1人1台の端末環境をうまく利用して，より効率的な単語テストを目指しませんか**。

　私は，Quizlet という英単語学習サービス（無料で使えます）を利用して，教科書に出てくる英単語や表現をすべて登録しています。

　生徒たちには URL を配布しているのでいつでもどこでも英単語の練習をすることができます。また，「音声チャレンジ」という機能を使うことで，発音を聞いてスペルを入力する練習ができます。

　これにより教員側の手間も大幅に減りましたし，何より反復が大切な語彙指導で，何度でも繰り返し音声を聞きながら英単語を練習できるようになりました。

Kahoot! やその他のプラットフォームを利用しよう

　英語科の先生方には釈迦に説法ですが，英単語の学習には反復が欠かせません。

　そこで，タブレットを利用した学習が今，注目されています。紙に書いて練習するよりもはるかに効率的ですし，音声もつけることができるからです。

　現在でも前述の Quizlet や Kahoot! などのサービスを利用できますが，今後もそのようなサービスが増えてくると予想されます。目の前の生徒たちが使いやすいものを選び，効果的に英単語学習ができるサービスを活用していきましょう。

1件 2年生 比較級・最上級・同級（標準）
1件 2年生 受け身（標準）
1件 2年生 受け身（基本）
1件 2年生 比較級・最上級・同級（基本）
1件 【ハイレベル】3年生 Unit 6

Quizlet で文法などで区分けしてテストを作成

英単語の学習はタブレットを利用した方がはるかに効率的！　生徒に合ったサービスを選んで利用しよう。

10 英語科掲示板をつくり家庭と学校をつなぐ

教育掲示板 Padlet を使うことで，直感的に操作ができ，簡易的な学級ホームページも作成可能。毎日の板書を投稿すれば，学校に足が向かない生徒の対応にもなる。

教育掲示板をつくろう

先ほども活用方法をご紹介した Padlet という教育掲示板サービスは，生徒たちの学習の過程を管理したり，感想を記入したりと様々な用途があるので，広がりを見せている人気のサービスです。

この掲示板のよいところは，アクセスが簡単なこと（生徒たちにとってこれはとても重要）です。煩雑な登録や ID の入力などが一切不要なので，URL をクリックするだけで誰でもアクセスすることが可能です。

この掲示板をうまく利用して，英語科掲示板をつくってみてはいかがでしょうか。例えばこのサービスでは「シェルフ」という機能があり，その投稿内容によって投稿を区分けすることができます。そのシェルフに「毎日の板書（1年）」「毎日の板書（2年）」など板書を投稿できる場所をつくったり，Quizlet や Kahoot! などの語彙練習ができる URL を貼ったりしておくのもよいでしょう。

英語学習の母艦として活用しよう

現在の教科書には，QR コードが各ページにつけられています。QR コードを読み込むとそのページの英単語の発音が聞けたり本文の音読を聞けたりします。

また，おそらくほぼすべての学校で「ワーク」を購入していると思いますが，それらの教材にも豊富なQRコードがつけられていると思います。
　これは学習者にとってはとても勉強しやすい環境ということができますが，一方でそれらの情報を管理することが苦手な生徒もいます。
　例えば，学校から配布されるプリントを整理することが苦手な生徒がいるのと同じように，どこにどんなQRコードがあって，読み込むとどんな勉強ができるのか，把握することが難しい生徒もいるのです。
　そこで，この教育掲示板を「英語の勉強の母艦」のように使用します。この掲示板を見れば，役立つサイトがわかったり，使っている教材のサイトに飛ぶことができたりすると，生徒たちにとってよりよい学習環境になっていくでしょう。

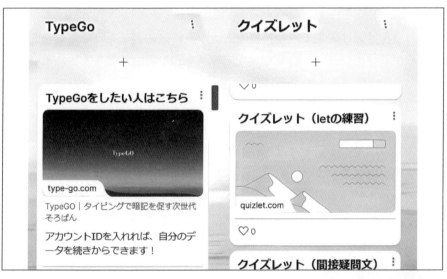

Padletはアクセスしやすい便利な掲示板。英語科掲示板をネット上につくり，3年間の学びをサポートしよう。

11　YouTubeに動画を投稿する

YouTubeに文法指導動画をアップ。
限定公開にし，シェアしよう。
一度作成すれば，長く使える教材になるはず。

やってみると意外に簡単

　文法解説動画を作成し，YouTubeに投稿してみてはいかがでしょうか。
　もちろん公開は限定で，勤務校の生徒のみにシェアしてみてもいいかもしれません。教科書が改訂されても，文法の基本的な項目は大きく変わることがないため，一度作成した動画は長く活用できる貴重な教材となります。
　私自身，コロナ禍での休校時に生徒たちになんとか授業を届けたいと思い，思いきってYouTubeで文法解説動画を始めてみました。
　初めての試みで不安もありましたが，意外と簡単にアップロードでき，予想以上の反響がありました。
　この経験を通じて，動画コンテンツの有用性を実感しました。生徒たちにとっても，何度も文法の解説を見返すことができるのは非常に有益だと考えます。

公立入試の過去問題も解説してみよう

　自分が動画をつくるなんて…と尻込みする必要はまったくなく，やってみると本当に簡単です。
　ただ，難しいのは**財産になるような動画をつくることと，凝らないこと**です。教科書の解説動画のようなコンセプトだと，教科書が改訂になると使え

なくなってしまいます（数年で賞味期限が切れてしまいます）。その点文法解説はいつでも必要とされるのでぜひ挑戦してほしいです。

　また，凝らないという点については，おすすめの方法があります。それは画面録画で一発で録画を終えることです。

　タブレットには画面録画の機能があるので，その機能を使えばとても簡単に動画を出力できます。また，間違えても気にせず動画の中で訂正をしながら録画すればいいと思います。

　間違えたからと動画を再度撮り直していたらいくら時間があっても足りないので，一発録画で「えいやっ！」と撮影してしまうのが続けるコツとなるでしょう。

紙で学ぶ時代から，紙とタブレットで学ぶ時代へ。文法指導動画をアップすれば，学校の財産になる。動画なら何度でも再生できるので，英語の苦手な生徒，不登校生徒へのサポートにも活用できる。

第2章　オンライン・配信ツールの有効活用　033

12 AIで一般業務を効率化する

アメリカなどに比べてかなり低い日本人のAI使用率。
周りの仕事でAIに助けてもらうことはできないかと考えてみるのも有効。

日本人のAI使用率

　日本におけるAIの使用率は他国と比べるとかなり低いことがわかっています。日本での生成AI個人使用率は9パーセント程度で，中国は56パーセント，アメリカは46パーセントと比較して大きな差があります。

　しかしながら，**今目の前にいる子どもたちが社会で活躍する年齢になったときに，AIを使って仕事をする機会が確実に増えると考えます。**

　ここでは，AIを簡単に紹介し，教員の仕事にどう生かせるのかお伝えします。

教師の仕事でつかえるAI

① ChatGPT

　いわずと知れたAIで，うまくプロンプトを入力すれば様々な文書作成などに活用可能です。GPTストアではエッセイの添削や語彙問題の作成に特化したGPTもあるので活用方法は多種多様です。

② Perplexity

　検索したい，知りたい質問を投げかけると，インターネット上にあるサイトを自動で閲覧し，複数のサイトの要約を教えてくれるAIです。冒頭の日

本人のAI使用率はこのAIに検索してまとめてもらった数字です。

③ Kn1ght

　プレゼン資料の作成がAIで可能です。全校集会や学年集会などで話す機会のある先生は，テーマに沿ってつくってみるとより伝わりやすいスライドを作成できるでしょう。

④ Nolang

　解説動画の生成AIです。簡単にスライド動画がつくれるので，文法解説動画をつくってみると面白いかもしれません。

⑤ Gamma

　ウェブサイトやテキストからスライドを生成してくれるAIです。生徒がつくった原稿を貼り付けるだけで自動的にスライドをつくってくれるので，とても使いやすく，弁論大会のリハーサルで全校にスピーチをするときなど重宝します。

ChatGPTの画面

Gammaの画面

周りの仕事を「AIに助けてもらえないかな？」と考えながら仕事することも大切。

13 Padletを活用して英作文指導をする

Padletを活用して英作文を投稿・発表することで，デジタルスキルと英語力を強化し，リアルタイムのフィードバックや学び合いの場を生徒に提供しよう。

Padletを使った英作文でデジタルスキルと表現力を強化

　英語の授業で，Padletを使って生徒たちに英作文を投稿させることで，デジタルならではの利点を生かしながら充実したライティングと発表活動が行えます。特に，パソコンを使用してアウトプットする場面設定にすると，現代のデジタル環境で必要なスキルを実践的に育むことができます。

　例えば，「自分のおすすめスポットを紹介するブログ記事」「好きな映画のレビュー」といったテーマ設定により，生徒がよりリアルな場面を意識して英語を使えるよう工夫します。Padletへの投稿を通じて，生徒は自分の意見や考えをデジタル上で発信する体験を積むとともに，英語表現を自然に練習できるため，アウトプットのスキル向上につながります。

　Padlet上に投稿された英作文は，次の授業から順に発表します。すべての原稿がオンラインに保存されているため，従来のプリントやノートでの提出と違い，持参忘れや紛失のリスクがありません。このため，全員が発表にしっかり臨むことができ，スムーズに進行できます。

　発表が終わった原稿は投稿の色を変更するなどの工夫を加えると，誰が発表を終えたかひと目でわかり，先生も生徒も発表進行を簡単に把握できます。

　さらに，Padletにはエクスポート機能があり，少ない操作で各生徒の投稿をまとめたPDFスライドを作成できます。このスライドは授業後の記録

として残せるため，全員の発表内容を見直す際にも非常に役立ちます。

発表後のフィードバックと振り返りを通じた学びの深化

　発表後はPadletのコメント欄を開放し，他の生徒が自由に感想や意見を投稿できるようにします。生徒たちはお互いの発表内容にリアルタイムで反応でき，自然なコミュニケーションが促進されます。例えば，「とても興味深いレビューだった」「同じ映画が好きで共感した」などを自由に投稿することで，互いに新たな視点を発見し学び合う場を生み出すことができます。

　コメントを通じて自分の表現方法や考え方を見直す機会が増え，英語学習への意欲もさらに高まります。

　また，生徒は発表に関連する写真や動画も簡単に添付できるため，例えば，観光地の紹介で写真を添付したり，お気に入りのスポーツについて動画を表示したりすることで，他の生徒も内容を視覚的に理解しやすくなります。**発表により臨場感が出て，他の生徒の集中度も上がり，学習効果が高まります。**

　Padletのエクスポート機能を使って，全員の投稿をPDF形式でまとめれば，発表内容を記録として残せるため，クラス全体の活動記録として利用できます。生徒は自分の発表内容を後から振り返ることができるだけでなく，他の生徒の内容と比較することができ，振り返りや自己評価の機会が増え，学びが深まります。

　Padletを活用することで，すべての英作文を簡単に一元管理でき，発表状況の進行も確認しやすくなるため，授業運営がスムーズに行えます。さらに，生徒のアウトプット活動が一貫してデジタル上で行われることで，英語力とデジタルスキルを同時に育成できる非常に効果的なツールといえます。

生徒がリアルな場面を意識できるようなテーマを設定し，興味を引き出す内容に。

14 YouTubeをうまく使って学校・自治体の「財産」をつくる

学校全体で，または自治体で受験しているテストの過去の問題の解説動画をつくる。
これからずっと使える「学校の財産」になるはず。

学校の授業で扱いきれない部分はオンラインにお任せ

　中学校の学習進度を考えていてやはり鍵となるのは，公立高校入試です。また，学校や地区によっては，県の統一模試等を受けている学校もあると思います。もし可能であれば，大問ごとに解説動画をつくってみてはいかがでしょうか。

　中学3年生にもなると，教科書で扱う内容が増えてきて，公立高校の入試対策などをしっかりと解説する時間がとれません。

　そこで，大問ごとに解説動画をつくっておくことで，学校・地区の財産となり，年度ごとに生徒たちはオンラインで解説を聞くことができるようになります。

　本来であれば，紙面での解説で十分かもしれませんが，ここまでタブレットやスマホが広まっている今，動画での解説の方がわかるという生徒もいるでしょう。これらの動画は一見すると作成が大変に思うかもしれませんが，35ページ（2章No.12）の方法で作成すれば，労力をあまりかけずに動画をつくることができます。

文法解説動画もつくろう

　もし先生方に余裕があれば，担当する学年の簡単な文法解説動画もつくる

と，生徒にとってさらに素晴らしい環境が整います。

　教科書の改訂はありますが，文法項目の配列が変わることはあまりありません。その呼び名も変わることはありませんので，**一旦つくってしまえば半永久的に生徒たちの学習を手助けしてくれます。**

　また，オンラインの強みは学級閉鎖時にも発揮されます。インフルエンザやコロナによる閉鎖時には有効な教科運営になるでしょう。

　さらに，学校に足が遠のいている生徒にとっても，学校の先生の文法解説をいつでも聞けることは，安心できる材料の1つとなります。ぜひ，挑戦してみてください。

動画づくりは「学びとは何か」という問いを解決する方法の1つ。
ぜひ，思いきって1つつくってみよう。

第2章　オンライン・配信ツールの有効活用　039

15 課題クリア型授業で主体的な学びと達成感を育む

生徒が課題をクリアしながら進む授業で，主体的な学びと達成感を促進する。タイピングや会話力の課題に挑戦し，自分に合った学習方法も選べる環境を整備しよう。

自分のペースで進める課題クリア型授業で主体的な学びを実現

　英語の授業で，**生徒が自分のペースで課題をクリアしながら次のステップに進む形式を取り入れることで，主体的な学びと達成感を引き出しています。**生徒が一人ひとり異なる課題に取り組み，達成するごとに新しい課題やステップに進むことができます。

　課題内容は「ALTと30秒以上会話する」「自分の『推し』について10文以上で発表する」など，日常で英語を使う場面を意識したものが中心です。具体的で達成しやすい目標を設定することで，生徒は自分の成長を視覚的に感じやすくなり，意欲的な学習姿勢が育まれます。また，目標が個別に設定されているため，できる範囲から始めることができ，**生徒にとって無理のない学習が可能になります。**

　さらに，英単語のタイピング速度を課題として設定することで，生徒の単語力とタイピングスキルも効率的に向上させています。例えば，QuizletやTypeGOなどのデジタルツールを使い，一定時間内に指定された単語数をタイプするなどの目標を設けています。生徒は自然に語彙を増やしつつタイピングのスピードも上げることができ，ツールによって視覚的に進捗が確認できるため，次の目標も立てやすくなります。

　デジタルツールの活用は，スマートフォンやタブレットに親しんでいる生

徒にとってなじみやすく，楽しみながら学習を進められるという点が大きなメリットです。生徒自身が自分のペースで取り組み，次のステップに進むためのモチベーションを保ちながら，主体性を引き出すことが可能です。

自由な学習方法で学びの効果と自主性を引き出す

　また，学習方法についても生徒に一定の自由をもたせ，個々の学びを尊重しています。デジタル教科書と紙の教科書を自由に選び，使いやすい方法を生徒が選択できる環境を整えています。例えば，デジタル教科書でリスニング練習を重ねる生徒もいれば，紙の教科書を丁寧に読み返し内容理解を深める生徒もいます。各自が自分に合った方法で学べるため，学習内容が定着しやすく，生徒の理解度も高まります。

　こうした自由度をもたせることで，異なる学習スタイルや関心が生かされ，授業全体が活気に満ちるのも特徴です。**生徒が自ら選んだ方法で学習を進めるため，自己管理能力や自主性も育まれますし，生徒にとって達成感を得やすく，学びが深まる場となります。生徒が課題をクリアするたびに進歩を実感でき，次のステップへの意欲が湧き，学習への意欲も自然と高まります。**また，課題内容を多様化することで，興味関心や得意分野に合わせた学びが可能になり，個々の強みを引き出しながら進められる点も大きな魅力です。

　さらに，タイピング速度や会話力のように数値化しやすい目標を設定することで，生徒は到達点を明確に理解でき，自己評価力が養われます。

　こうした柔軟で多様な学習方法を提供することで，英語学習を通じて生徒の主体性と自己管理能力を育むことができるでしょう。

タイピング速度や会話の長さなど，進捗が数値でわかる目標を設定し，生徒自身が成長を感じられるようにする。視覚的に確認できる目標があると，生徒のモチベーションがさらに高まる。

第2章　オンライン・配信ツールの有効活用　041

Column 2

主任の仕事はスタッフをチームにすること

　英語科主任の大切な役割は，孤立しがちな先生方をつなぎ，英語科を1つのチームにまとめることです。ただ業務を効率化するだけでなく，先生同士が助け合い，ともに成長できる場をつくることが求められます。

　先生一人ひとりの考え方ややり方は，職歴や担当してきた学年によって様々です。例えば，中学3年生を長年担当してきた先生と，比較的新しい先生では，授業の進め方や生徒への接し方にも違いがあるものです。そうした違いを理解して，お互いにコミュニケーションをとることが主任の重要な役割です。

　特に成績に関することはとても重要です。成績は生徒にとって進路に直結するものなので，先生ごとの評価基準にバラつきがあってはいけません。そのため，主任が中心となってみんなが納得できる評価基準をつくり，意識を揃えることが大切です。ここは主任としての腕の見せどころです。

　また，信頼関係を深めるために，定期的なミーティングや情報共有の場を設けることも効果的です。例えば，次年度のカリキュラムや成績評価について意見を出し合う場をつくれば，先生方それぞれの考えを尊重しながら共通の方向性を確認できます。

　主任の仕事は，1人で結果を出すことではありません。英語科全体が1つのチームとして力を合わせ，結果を出せるような環境をつくることが何より大切です。そのためには，先生方の声にしっかり耳を傾け，一緒に悩み，一緒に進んでいく姿勢が必要です。強いチームができれば，その成果はきっと生徒たちの学びにもつながるはずです。

第3章
英語指導力を高める
仕組みづくり

16 年度はじめ・春休みの会議に集中する

次の年の教科運営は、春休みに決まる。
そのためにも、年度末から次の年に向けてできるだけ反省点を挙げておこう。

年度はじめの会議にパワーを集中させよう

　新年度の始まりにあたり、各教員が共通の目標に向かって一丸となるためには、最初の会議にパワーを集中させることが必要です。具体的な計画や見通しを共有し、各教員が自分の役割を明確に理解することで、年間を通じた効果的な指導が可能になります。

　年度はじめの会議を成功させるためには、前年度の年度末から準備を始めることが重要です。以下のステップを参考に、早めの準備を心がけましょう。

　まず、前年度の指導や活動を振り返り改善が必要な点を明確にします。特に、4技能5領域の弱点を見つけ出し、次年度に向けた改善策を考えます。また、年度はじめの会議で前年度の反省点を全員と共有し、それを受け具体的にどう力を上げるかの提案を行います。全員が共通の課題意識をもち、協力して改善に取り組むための重要な過程です。

年度はじめの会議での主な議題

　年度はじめの会議では、以下の議題を中心に進めます。
①年間指導計画
　各学年ごとの年間指導計画を確認し、各教員が一致した指導方針をもつようにします。これにより、指導の一貫性が保たれ、生徒たちの学習効果が高

まります。

②学年ごとの雰囲気
　各学年の特徴や雰囲気を把握しそれに応じた指導方法を検討します。学年ごとに異なるニーズや課題に対応するためには，柔軟な指導計画が必要です。

③学年ごとにつけたい力
　各学年で特に育成したい力を明確にします。例えば，中学1年生では基礎的なリスニングとスピーキングの能力，中学3年生では表現力や読解力など，4技能5領域をバランスよく育てるための具体的な目標を設定します。

④全員の仕事の役割分担
　教員全員の役割を明確にし，効率的な運営を図ります。各教員の得意分野や経験を考慮して役割を分担し，チームの力を最大限に引き出しましょう。

前年度の反省点（例）	次年度に向けた提案（例）
リスニング：リンキングが理解できておらず，聞き取りが難しいと感じている生徒が多い。	リスニング：多様なアクセントやスピードのリスニング教材を導入し，日常的な聞き取り練習を強化する。
スピーキング：自発的な発話が少なく，発音やイントネーションに課題がある。	スピーキング：ペアワークの機会を増やし，生徒が自発的に話す環境を整える。
リーディング：読解力が不足しており，語彙力に自信がなく長文の理解に苦労している生徒が多い。	リーディング：語彙を強化する単語テストや教材を用いて，段階的に読解力を養う。
ライティング：文法的なミスが多く，文章構成に一貫性がない。	ライティング：文章構成の基本や語順に関する理解を深め，書く力を強化する。

年度はじめの会議は，英語科の年間活動の基盤をつくる重要な機会。新年度に向けた明確な指導方針を設定しよう。

17 気軽に連絡を取り合える環境をつくる

教員間のコミュニケーションは円滑に取りたいところ。チャットツールを利用して，連絡をテキストベースで残したり保存したりする環境をつくっておこう。

職場環境を見渡して，効果的に使えるツールを選ぼう

　チャットツールの導入は，英語科教員間のコミュニケーション効率を大幅に向上させる効果があります。リアルタイムでの情報共有や迅速な意思決定が可能になり，メールの煩雑さを減少させることができます。

　学校現場では，空き時間はそれぞれの先生方で違っており，うまく空いている時間が重なっていればコミュニケーションが取れますが，大抵多くの先生方が授業に出ており，連絡したいことをその場で共有できません。

　そこでチャットツールを導入することで，思いついたときにすぐ連絡ができます。チャットツールには記録が残るため，過去のやり取りを簡単に確認できる利点もあります。

　しかし，ツールの操作に慣れる必要があるため，導入初期には研修やサポートが求められることもあります。適切なルール設定や利用方法を考慮することで，生産的なコミュニケーションが実現できるでしょう。

代表的なチャットツールを知ろう

① Slack

　Slack はチャネルで議論を整理でき，特定の委員会や係会，部会や学年ごとに情報をまとめやすいです。多くの外部ツールとの連携も可能です。た

だし，無料プランでは一定期間が過ぎると投稿が削除されるため，注意が必要です。

② Google Chat
　Google Chat は Google Workspace と連携し，Google ドライブや Google カレンダーなどとの統合が容易なので，文書の参照や学校行事の日程管理などに向いています。シンプルで使いやすく，教育現場でも利用しやすいです。
　しかし，Google 環境に依存しているため，他のツールを使いたい場合は，注意が必要です。

③ Microsoft Teams
　Microsoft Teams は，Office 製品との連携が強力で，資料作成や共同作業がスムーズです。ビデオ会議機能も優れていますが，インターフェースが複雑で，操作に慣れるための研修が必要な場合があります。Office 365契約が前提です。

Slack は内容ごとにチャネルを整理しています

「あの先生に伝えたいことがあるのに，授業に出ていていない！」は日常茶飯事。チャットを導入し，いつでも連絡できる環境を。

第3章　英語指導力を高める仕組みづくり　047

18 授業を見合う仕組みをつくる

「もっと気軽に授業について話し合う雰囲気をつくりたい」「お互いに授業を見合ってもいい空気をつくりたい」。そう思っている先生は多いはず。

1人1授業からの脱却

　今の勤務校に異動になったとき，おそらく多くの学校がそうであるように「1人1授業」の取り組みがありました。年間につき一度は授業を公開（指導案も書く）して，授業の研究に努めようというものでした。

　異動してきた直後は，私も職員会議で決まったことだからと公開授業をしていましたが，たったの一度授業を見合ったところで学校全体の空気が授業に向くのかと疑問に思っていました。極端かもしれませんが，年に一度しか手術しない外科医の腕が上がっていくかは疑問なのと同じです。

　さらに，毎日の忙しさにかまけて，3学期になっても公開授業ができず，ついには1年間公開できないときもありました。

　そこで，学習部長の担当になったときに，授業を見合う雰囲気をつくりたいと思い，「1人1授業」をやめました。

学校全体を巻き込んで授業研究への空気をつくろう

　学習部長になった年，年度当初の職員会議で「もっと授業を見合うことに対して垣根を低くしたい」「職員同士で授業についてコミュニケーションを取ってもらいたい」という思いを話し，1人1授業をやめる代わりに以下のような取り組みを始めました。

048

> ・1人10授業の参観を目標に，空き時間には授業を観に行く。
> ・「参観用QRコード」を作成し，感想を送り合う。

　まず，1人1授業の代わりに「1人10授業の参観」を目標にしました。授業の公開を目標にするのではなく，**参観を目標にすることで，職員間での授業に対するコミュニケーションを目的にしています**。

　参観すれば，「あの導入はここがよかったよ」とか「生徒はこういう風に活動していたよ」「あの単元はどうやって教えた？」とか授業に関する話題ができます。

　さらに，参観の感想を気軽に送ったり読んだりできるように，職員室に授業参観用のQRコードを貼り付けています。参観する先生はそれを読み取り，授業に向かいます。参観後，感想を送信します。

　この取り組みで，授業を見合うことに対する雰囲気はとてもよくなりました。また，生徒たちもいろいろな先生に授業中の頑張りを見られて声をかけられるので，とてもうれしそうにしています。

　この取り組みを始めてもっとも感謝してもらえたのは，初任者の先生からです。初任者の先生はベテランの先生の授業を見せてもらうのに，気兼ねするものです。しかし，この取り組みを理由に，様々な先生の授業を，気兼ねなく観られるようになりました。

学校を変えたかったら，筋を通してドラスティックに学校を変えよう。きっと生徒も変わっていくはず。

第3章　英語指導力を高める仕組みづくり　049

19 英語通信を通して学習法を発信する

教員向けに以下のような英語科通信を発行した。
同じ目標に向かって働く先生方に勉強の方法について考えてもらうことも大切である。

2022年に東京大学などが行った調査

　東京大学社会科学研究所とベネッセ教育総合研究所が，2年間にわたって勉強方法の理解と学習意欲に関する実験をしました。小学4年生から高校3年生まで均等な人数を調査したこの結果が示唆に富むものでした。

　調査結果によると教科の「学習方法の理解」ができるようになると，翌年の学習意欲も連動して大きく上昇する，また，反対に学習方法がわからなくなると，学習意欲は有意に大きく低下するというものでした。

　さらに，2年間で学習方法が不明だった子どもが学習方法を見出した場合，学習意欲が上昇するという結果でした。

　また，2年間で，学習方法をわかっていたのに，なんらかの理由でわからなくなった場合，学習意欲が明らかに低下するという結果もあります。

　もし生徒たちで学習意欲のない生徒がいるとしたら，それは学力の問題の他に，**学習方法がわかっていない可能性もあるのです。**上手な勉強のしかた（学習方法）の理解は「学習意欲」と正の相関があり，理解が進むと意欲も高まる関係にあるそうです。

　また，今回の分析では，**学習方法の理解は，学習意欲や成績と関連していることがわかりました。**「学習方法の理解」は「学習意欲」と強めの相関があり，学習方法の理解が進むと学習意欲も高まる傾向があります（これはど

の学校段階でも同様）。

今回の調査で「成績」にもっとも強い相関があったのは「学習方法の理解」でした。これに「学習意欲」が続き，「学習時間」はかなり弱い相関しかありませんでした。「学習時間」をやみくもに長くするよりも，まずは適切な「学習方法」を身につける方が成績向上への早道といえそうです。

学習方法と学習意欲，学習時間，成績との関連をみたところ，それらは相互に相関しています。特に学習方法の理解は，学習意欲と強い関連があり，成績との相関係数は学習意欲よりも強いという結果でした。

学習方法を身につけることは，学習意欲と成績の向上に効果があると考えられます。授業の内容も伝える必要がありますが，さらに英語科の学習法も伝えていく必要があるのです。

英語通信の例　学びへの意欲を引き出す内容を考えます

直接はなかなか伝えにくい話題でも，英語科に発信する通信としてであれば受け手も読みたいときに読むことができる。コミュニケーションツールの1つとして活用していこう。

20 インターネット上に資料を保存して，ペーパーレスを目指す

ネット上に保存しておけば，いつでもどこでも資料を参照できる。配付物・掲示物が山積みになる状況から抜け出し，完全ペーパーレスを目指していこう。

英語科部会にストレージサービスをつくってみよう

ストレージサービスを英語科部会に導入することで，会議資料をペーパーレス化でき，どこからでもアクセス可能になります。これにより，**資料の印刷や配布にかかる時間とコストを削減し，環境にも優しい運用が可能になり**ます。

また，リアルタイムでの修正やコメント，編集ができるため，効率的な意見交換が進みます。

ただし，これも全員が使い方に慣れるまでのサポートが必要であり，セキュリティ対策も慎重に行う必要があります。

代表的なストレージサービスを知ろう

① Google ドライブ

Google ドライブは，Google ドキュメントや Google スプレッドシートと統合され，共同編集やリアルタイムのフィードバックが容易です。資料の共有やアクセス管理も簡単です。

ただし，Google アカウントが必要になります。自治体によっては，全教員に Google アカウントを発行しているので，そういった場合はすぐにでも導入できます。

② Dropbox

　Dropbox は，シンプルなインターフェースと直感的な操作で使いやすく，リンク共有も便利です。各種ファイル形式に対応しており，他のツールとの連携も可能です。

　しかし，無料プランの容量は少なく，大量のデータ保存には有料プランが必要です。ただ，年間の会議資料くらいなら問題ありません。

③ Microsoft OneDrive

　OneDrive は，Office 365と統合されているため，Word や Excel ファイルの共同編集に便利です。学校全体で Office 製品を利用している場合，一貫性をもったファイル管理が可能です。

　ただし，Office 365の契約が前提であり，導入コストがかかる場合があります。

OneDrive のフォルダ分けの例

ネット上に資料があれば，いつでも資料を確認できる。教室や職員室，グラウンドと移動が多い教員にはうってつけ。

21 全国の英語教員とつながる

教員のネットワークは地域に限らない。全国の英語教員とつながり，授業情報を共有し合い，日本全体の英語教育の質を向上させていこう。

授業力の向上につながるネットワーク

　私は2021年に，全国の英語教員がつながり，授業情報を交換し合うことで，**日本の英語教育全体のレベルを向上させるオンライン職員室「英語教員がちサロン」を立ち上げました。**

　このサロンは，定期的なオンライン交流や教材の共有を通じて，教員同士の学び合いと協力を促進し，生徒にとってより魅力的な英語授業を目指す場です。

　「英語教員がちサロン」では，コミュニケーションツールとしてSlackを使用しており，文法項目ごとにチャンネルが設定されています。これにより，使っている教科書が違っていても，全国の教員が自分に必要な情報を簡単に見つけ，共有することができます。例えば，「現在完了形」や「仮定法」などのチャンネルで，それぞれのトピックに関する質問や資料を投稿することで，必要な情報が得られる仕組みです。

　また，月に一度，サロンメンバー同士でオンライン交流会を開催しています。この交流会では，授業の振り返りや実践の共有を通じて，全国の教員が切磋琢磨しながらスキルを向上させる機会となっています。

　他の教員からのフィードバックや新しいアイデアに触れることで，日々の授業に生かすことができ，生徒たちのよりよい学びの機会へとつながってい

きます。

業務に関わる負担軽減にもつながる

　さらに，これまでサロンメンバーが投稿してきた教材や資料（文法導入用のパワーポイントやワークシートなど）は独自のドライブに蓄積されており，すべてのメンバーが自由に利用できます。これによって，先生方の教材作成の負担を軽減し，より多くの時間を授業そのものの改善にあてることが可能になっています。

　サロンを立ち上げた理由は，「もっとよい授業をしたい」「生徒がワクワクする授業を実現したい」という教員としての強い願いからです。

　日本の教員は雑務が多く，授業準備に十分な時間を確保することが難しい状況にあります。このサロンを通じて，全国の教員がお互いに支え合い，効率的に授業準備を進めながらスキルアップし，生徒たちにとってよりよい学びを提供できる環境をつくりたいと考えました。

　「英語教員がちサロン」は，全国の教員がつながることで，情報を共有し合い，ともに成長しながら，日本の英語教育を変えていく力になると信じています。

　このサロンは，育休中・産休中の先生方からも，「現場の様子がわかる」と喜ばれています。英語の授業法に悩む先生は，ぜひご覧ください。

全国の教員とつながり，負担軽減と自身の知識や授業力の向上という2つの面から成長していこう。

22 ウェビナーや学会に参加する

学校全体での英語授業の質の向上を目指すためには，英語科主任がウェビナーや学会で学び，教員と共有し教育を向上させることが重要となる。

ウェビナーに参加してみよう

英語科主任としての役割を果たすためには，最新の教育トレンドや指導法を常に学び続けることが不可欠です。そのため，ウェビナーへの参加は非常に有意義な機会となります。

特に夏休みは，多くの教育関連のウェビナーが開催されています。初めての参加でも，インターネットで検索することで多様な選択肢を簡単に見つけることができます。

ウェビナーでは，新しい教材の活用方法や ICT 教育の最新動向，効果的な評価方法など，実践的な内容を学ぶことができます。例えば，最近参加したウェビナーでは，デジタルツールを活用した英語の授業設計や，AI を使った効果的な授業の進め方についての具体的な事例が紹介されていました。

このような情報は，日々の授業にすぐに取り入れることができ，生徒の学習効果を高めることにつながります。

学んだことは必ずシェアしよう

さらに，**学んだ内容を他の英語科教員とシェアする**ことも重要です。

ウェビナーで得た知識や技術を共有することで，チーム全体の指導力を向上させることができます。具体的には，定期的な教員ミーティングでウェビ

ナーの内容をプレゼンテーションし，実際の授業での応用例を紹介するなどです。

こうした取り組みを通じて，教員間の情報交換が活発になり，より質の高い授業を実践することができるようになります。

また，学会への参加も非常に有意義です。学会では，専門家による講演や最新研究の発表が行われるため，深い学びを得ることができます。

例えば，最新の言語習得理論や異文化理解の教育方法についての講義を聞くことで，自分の指導に新たな視点を取り入れることができます。

さらに，学会では他校の教員や研究者と交流する機会も多く，新たな教育ネットワークを築くことができます。

得た知識や技術を活用し，他の教員と共有することで，教育の質を向上させ，生徒たちの学びをより豊かにすることができます。

過去には ChatGPT に関するウェビナーも開催しました

余裕があるときはウェビナーの参加を検討しよう。外の世界を見ることも，きっと先生方のエネルギーにつながるはず。

23 専門書を定期購読する

CHECK!

忙しい日が続くと，自分自身の学びにあてられる時間は削られていってしまう。しかし，そんな中でも否が応でも学びに向かう環境をつくろう。

英語教育の雑誌を購読しよう

　英語科主任としての役割を果たすためには，最新の教育トレンドや指導法を常に学び続けることが不可欠です。

　その中でも，専門書籍や雑誌の定期購読は，非常に有効な手段です。英語教育に関する専門書籍や雑誌を定期的に購読することで，最新の研究結果や実践的な指導法，教育現場のトレンドなど，幅広い情報を入手することができます。

　専門書籍や雑誌の購読は，ウェビナーの参加と同様に重要ですが，書籍には1つの大きな利点があります。それは，**情報が本棚に残ること**です。書籍や雑誌は後々見返すことができるため，必要なときに再度確認したり，他の教員と情報を共有したりする際に非常に便利です。

　例えば，新しい教育理論を取り入れた授業設計や評価方法を探す際に，過去の書籍を参照することで，有益な情報を簡単に見つけることができます。

興味のない分野でも強制的に目に入るのも利点の1つ

　さらに，専門書籍や雑誌の購読を通じて，ジャンルを問わず多様な記事を読むことができるため，興味のザッピングが可能です。特定のテーマに集中して学ぶだけでなく，様々なトピックに触れることで，視野を広げることが

できます。

　例えば，最近ではAIや異文化理解，教育テクノロジーの活用，言語習得理論など，英語教育に関連する多岐にわたるテーマについて知識を深めることができます。ある意味であまり興味のない分野でも，ひと通り学ぶことができるのです。

　私も「身銭を切った分は学ぶぞ！」と英語科主任になった年から毎年1冊は定期購読をしています。定期購読を一旦申し込んでしまえば，否が応でも自宅に届くので，読むことになります。

　また，学んだ内容を他の英語科教員とシェアすることも重要です。定期的な教員ミーティングや研修の場で，購読している専門書籍や雑誌の内容を紹介し，共有することで，チーム全体の指導力を向上させることができます。

　例えば，最新の教育理論や実践例を紹介することで，他の教員たちも新たな指導法を取り入れるきっかけをつくることができます。

ネットが発達しても，紙は紙でよい！　学んだことは，勤務校の先生にシェアし，授業力の底上げを図ろう。

24 定期的なおしゃべり会を開催する

勉強をする時間（といっても，英語の授業に関する雑談）があるだけでも，少し気が楽に。
定期的に校内で開催できたらなおよい。

地区内での取り組み

　勤務している自治体では，各学校の英語科主任が集まる機会が毎月設けられ，年間で約10回程度開催されています。これらの会合は，地区の部長を務めている先生が主導し，様々な話題について議論や意見交換が行われます。この会合は，単なる情報共有の場を超えた，現場の教員にとって重要なコミュニケーションの機会でもあります。

　具体的には，「うちの学校でこういう問題に直面している」という具体的な課題の相談や，「先日の授業でICTをこんな風に活用してみたんだ」という実践報告が行われることが多いです。中には，特に結論を求めるわけではなく，「最近忙しいけれどどうですか？」といった雑談も交わされます。こうした雑談は一見すると会議の目的から外れるように見えますが，実際には非常に重要な役割を果たしています。

　教員という職業は多忙を極めるものであり，隣のクラスの授業を見る時間すら確保することが難しいのが現状です。そのため，こうした雑談の場が月に一度でもあることで，教員同士が不満を共有したり，「こんなベテランの先生でも悩んでいるのか」と共感を得られたりする時間は貴重です。また，こうした雑談があることで，日々の業務に追われる中でも「自分だけが悩んでいるわけではない」という安心感を得ることができます。これが教員とし

てのモチベーションを維持するための大きな支えになるのです。

　さらに，会合では，各学校の状況に応じた解決策が話し合われることもありますが，多くの場合，最終的な結論は「でも，明日からもぼちぼちやっていこう」という形になります。これは一見シンプルでありながら，非常に現実的で前向きな結論です。このような結論が出せるのも，教員同士が気軽に意見交換できる信頼関係があるからこそです。

オンラインツールを活用して

　現在では，Zoom などのオンラインツールを活用することで，物理的な距離に関係なく簡単に集まることが可能です。これにより，地区内の風通しがよくなり，異動があった際にも教員同士の垣根を低くすることができます。異動先での新しい人間関係構築の負担を軽減し，スムーズな連携を実現するためには，こうした日常的な交流の積み重ねが不可欠です。

　このように，月に一度の会合は，教員同士の信頼関係を深め，学校間の連携を強化するための重要な場であると考えられます。その効果はすぐに目に見える形で現れるものではないかもしれませんが，**長期的に見れば，教育の質を高める大きな原動力となる**ことでしょう。このような会合を通じて，教員一人ひとりが孤立せず，チームとしての連携を強めながら，よりよい教育環境を目指していけるのです。

悩みが尽きないのが教育現場。そんな中で，悩みを共有するだけでも心は軽くなるもの。そんな場をつくることができたら，素敵だと思っている。

25 外部講師を招聘する

> リアルの研修は「熱」が違う!
> 時には外部から講師を招聘して,専門家からの話を聞くことで英語科の熱量を上げよう。

予算はないけれど

　私は,学校全体の学習管理に関わる校務を担当しています。具体的には,毎月「学習通信」を発行し,そこでは生徒たちが日々の学習に役立つ方法を提案しています。この通信は,生徒が自分のペースで学習を進められるように,わかりやすく親しみやすい内容を心がけています。

　さらに,定期的に全校生徒を前に,学習の意義や効果的な方法についてプレゼンテーションを行うことも重要な役割の一つです。このプレゼンでは,生徒たちに勉強が単なる義務ではなく,将来の目標や自身の成長につながる大切なプロセスであることを伝えています。具体的な学習テクニックや目標設定の仕方などを紹介することで,生徒の学習意欲を高めることを目指しています。

　また,こうした生徒向けのサポートだけでなく,教員のスキルアップにも力を入れています。**生徒が主体的に学べる環境を築くためには,教員自身が学び続ける姿勢をもつことが不可欠**です。そのため,長期休業中に全教科を対象とした研修を企画するなど,教員の専門性を高める取り組みを行っています。

公的機関の専門家を講師に迎える

　例えば，以前企画した研修では，各教科の先生方のスケジュールに配慮しながら日程を調整し，教科ごとに評価の専門知識をもつ指導主事や教育研究所の講師を招きました。この研修のテーマは「評価」で，生徒の成績を適切に評価するための手法や，その重要性について深く議論しました。また，具体的な評価基準やルーブリックの作成方法，活用例など，実践に役立つ知識を共有する内容となりました。

　研修の予算には限りがありましたが，県庁や教育研究所といった公的機関の専門家を講師に迎えることで，質の高い内容を提供しながらコストを抑えることができました。また，この研修ではあえてオンライン形式ではなく，リアルな場での開催にこだわりました。その理由は，リアルな場での研修の方が先生方の関心を引きやすく，互いに質問や意見交換がしやすい雰囲気が生まれるためです。

　実際，研修当日は多くの先生方から活発な質問や建設的な意見が寄せられ，非常に充実した内容となりました。こうしたリアルな場での交流を通じて，参加者同士が学び合い，教育への熱意を共有できたことも大きな成果でした。このような取り組みを通じて，生徒と教員双方にとってよりよい学習環境をつくり上げることが私の使命であり，大きなやりがいを感じています。

リアルの研修もお互いの先生方の熱量を感じることができて楽しいもの。そんな場を企画することに挑戦してみては。

26 英語科部会を定期的に開催する

週に1回，必ず英語科部会を開催することで，お互いの教科書の進度を確認したり，使ったワークシートの情報交換をしたり。教科全員で同じ方向を見て行こう。

同じ方向を見て教科を運営するために

英語科部会を週一回開催することは，教員同士の情報共有や授業改善において大きなメリットがあります。部会では，各教員が担当するクラスの教科書の進度を確認し合い，必要に応じて調整を行います。また，使用したワークシートや補助教材の効果や工夫を紹介し，他のクラスでも活用できるアイデアを共有することができます。これにより，各教員が個別に行う授業準備の負担が軽減されると同時に，全体的な授業の質を高めることができるのです。特に，定期テストの作成前にはテストの見本を共有するようにしています。そうすることで，試験内容の公平性を確保し，各学年やクラスで統一感のある評価ができるようになります。

授業法をシェアすることよりも大切なこと

さらに，**英語科部会での「授業観」の共有は，教育の質を高めるためになくてはならない要素**です。授業観とは，生徒の学びをどのように捉え，よい授業とは何か，教室の状況をどのように見ているのかという教員の考え方を指します。授業の進め方を共有しておくことはもちろん大切ですが，同じ部会内の先生たちがどのように英語の授業を考えていて，生徒を見ているのか，根っこの部分をコミュニケーションし合うことが最も大切なのです。これに

より，授業をお互いに参観したときに，「この先生は，英語の授業をこう考えて，教室をこう見ているから」とその先生の授業の意図をより深く考えることができるようになります。

事前に話題のシェアを

　部会内では，英語科主任が司会を担当し，事前にレジュメを用意することで，議論を効率的に進めることができます。また，提案や意見交換を行うために，事前に主任に内容を伝えておくことで，会議中の進行がスムーズになります。

　このように定期的な部会で教員同士が意見を交わすことで，授業に対する共通の認識が深まり，生徒一人ひとりに合わせた指導が可能になります。それにより，教室の中ではもっとよい学びが実現され，教員と生徒の互いの理解が深まります。結果として，より豊かで充実した学びの場が提供されるでしょう。英語の主任になると，より広い視点で学校全体を見ながら，担当している生徒たちはもちろんのこと，学校の英語力を上げていく取り組みが求められます。

　そんな中で，英語科のスタッフが一致団結し，実践を進めていくことは必要条件です。そのためには，スタッフ同士がお互いを理解し，コミュニケーションをとっていくことが求められるのです。

英語の先生たちが孤立して「個人商店」になってしまうのを防ぐためにも，定期的なミーティングを！

27 年度のスタートはCanDoリストの確認と評価方法を伝える

年度最初の授業は必ず授業を揃える。
内容は，この年度に何ができるようになるのか確認することと，評価方法の確認を。

年度最初の授業はこれで決まり

　年度最初の授業は，生徒たちにとって新しい学年のスタートを迎える特別な時間です。期待と不安が入り混じる中で，英語科では初回授業を統一し，１年間の学びの道筋を明確に示すことで，生徒が安心して授業に取り組めるようサポートします。

　まずは，「今年度，英語の授業で何ができるようになるのか」を具体的に提示し，生徒全員で確認していきます。また，生徒たち自身が目標を立てることも有効です。

　目標を文字にして共有することで，生徒たちは１年間の到達点を具体的にイメージし，自分も達成できるかもしれないという前向きな気持ちを引き出すことができます。また，具体的なゴールを設定することで，学習への取り組みが積極的になる効果も期待できます。

　最初の授業では，先輩たちのスピーキングパフォーマンステストの録画を視聴する機会を設けることによって，生徒が具体的な目標像をもてるようにします。実際に先輩たちがどのように英語を話し，どのレベルのスピーキング力が求められるのかを視覚的に理解することで，「自分も先輩のようにできるようになりたい」と感じる生徒が増え，勉強のモチベーションが高まります。先輩の成功例を見せることは，学びの道筋を示すだけでなく，生徒が

自信をもって新しい挑戦に向かうための励ましとなり，スピーキング練習への意欲を引き出すことにつながります。

次に，成績評価の方法を生徒たちに説明します。年間で実施されるテストの回数やそれぞれのテストにおける成績に対する比重を具体的に示すことで，生徒はどのタイミングで学習のピークをもってくるべきかを理解しやすくなります。

例えば，定期テストやスピーキングテスト，課題の提出などが評価に含まれる場合，それぞれがどのように点数化されるのか，学期ごとの影響度なども説明します。この事前の評価基準の共有によって，生徒は年間を通じて学習の計画を立てやすくなり，自分の学習成果を積極的に自己管理できるようになるでしょう。

年度はじめにこのようにして全クラスで共通のスタートを切ることは，生徒の安心感を高めるだけでなく，クラスの一体感を醸成する大切なステップとなります。全員が同じ情報をもってスタートすることで，授業の進度や取り組み方に対する共通理解が生まれ，生徒同士が支え合いながら学ぶ環境が整います。

また，英語科教員が最初の授業で生徒たちに対する期待を伝え，学びの意義や楽しさを共有することで，英語学習へのポジティブな姿勢を引き出すことができます。

生徒たちのワクワクした気持ちを尊重し，**不安を取り除くための丁寧な説明と目標設定を行うことで，1年間を通じて充実した学びの基盤を築くことができる**のです。

年度最初の授業は，生徒たちも先生たちも不安なもの。年間の指導計画を見渡して，何をどう伝えるか統一することで，お互いスムーズに授業開きを行おう。

28 テストが終わったら教科面談をする

教員が考えている以上に、生徒にとって「定期テスト」は大きいもの。そこで、テストが終わったら分析シートを配布して、振り返りを促そう。

学習を振り返る取り組みをしよう

　定期テスト後の振り返り活動として、生徒たちに自己評価を促す「学習振り返り分析シート」を導入することは、学習効果を高めるための重要なステップです。特に英語科の学習においては、**日々の努力と継続的な学習が成果に直結する**ため、このシートを用いることで生徒自身が学習態度や取り組み方を具体的に振り返り、自己評価を行う機会を得ることができます。

　この分析シートには、「授業中に寝たりしゃべったりしなかった」「先生の話や友達の発言をよく集中して聞いた」「積極的にしゃべったり書いたりするアウトプット活動をした」など、授業中や家庭学習における具体的な行動項目を詳細に設定します。生徒は各項目について、A（非常にできた）からD（まったくできなかった）までの4段階で自己評価を行います。これにより、生徒たちは自分の学習態度や習慣を客観的に見つめ直し、どこに改善が必要かを具体的に把握することができます。このような自己評価のプロセスにより、自らの学習に対する責任感を育むとともに、次への意欲を引き出すことができます。

　さらに、シートには「（タイピングサイトなどを使って）家庭で覚えるまで、単語練習をした」「教科書の音読を繰り返し行った」といった、より具体的な学習内容に関する項目も含まれています。これらの項目を振り返るこ

とで，生徒たちは自分にとって効果的だった学習方法を見つけ，逆に改善が必要な部分についても気づくことができます。

例えば，単語練習の頻度が足りなかった場合，それを補うための具体的な行動を考えるよう促されます。また，分析シートには「英語の学習で努力が足りなかったこと」「英語の学習で努力できたこと」の自由記述欄も設けます。生徒たちはこれらの質問に対して，自分の学習経験や感想，反省点，そして今後の目標について言語化します。

さらに，この分析シートを基に，**テスト後に先生との簡単な面談を実施することも効果的です**。面談では，生徒と一緒にシートの内容を見ながら，自己評価についての対話を行います。先生は，生徒の学習状況や理解度を深く把握し，その場で具体的なサポートやアドバイスを提供するようにします。

面談の時間は生徒にとって，自分の学びに対するフィードバックを受ける大切な機会であり，自己認識を深めるとともに新たなモチベーションを引き出す場となります。生徒は，先生との対話を通じて自分の努力が認められることで自信をもち，次に向けた意欲的な目標を設定することができます。振り返りシートと個別面談を組み合わせた取り組みを積極的に導入し，生徒たちが「できたこと」と「できなかったこと」をしっかりと自覚し，次の学びにつなげるための指導をぜひ行っていただきたいと思います。

このようなアプローチを通じて，生徒たちの学習に対する主体性を育み，学びをより充実したものにすることができます。また，生徒一人ひとりが自分の成長を実感しながら学びを深める教育環境を提供することができるでしょう。

学校行事もあり，わかっていてもなかなか時間がとれない振り返り。しかし，年数回のテスト後にはその時間を確保することで，取り組みを振り返らせるとよい。

29 教科書の使用方法を英語科全員で確認する

数年に一度ある教科書改訂。
新年度の授業を前向きにスタートできるように，計画的に仕事を進めよう。

教科書が改訂されたら

　教科書が改訂される年は，指導内容の変更があり，負担が大きくなると感じる教員も多いでしょう。

　しかし，新しい教科書を使って授業を行うことは，生徒にとって新たな学びの機会を提供できるだけでなく，教員自身にも新鮮な指導経験をもたらす貴重なチャンスです。教科書改訂を前向きに捉え，楽しみながらその特徴をつかんで授業に取り組むことが，効果的な教育の鍵となります。

　新しい教科書を使い始めるにあたっての準備作業は，最初に大きな仕事を済ませ，段階的に細かな作業に取り組むという流れで進めると効率的です。以下にその具体的な手順を紹介します。

　まず，教科書が手元に届いたら，最初にすべてのページをひと通り読みましょう。多くの場合，新年度が始まる数か月前には新しい教科書が入手できるので，早めに準備を開始することができます。

　新しい教科書には，これまでと同じ単元が含まれている場合も多いため，完全に一から準備する必要はありません。**旧教科書との共通点を見つけ出し，どの部分が新しく追加されたのか，どのように変更されたのかを把握する**ことが重要です。

　次に，年間指導計画を立てます。これは最も大きな視点で行う作業であり，

どの時期にどの内容を指導し，どのように評価するかを考えます。学年ごとの教員が分担して作業を行うと，より効率的に計画を立てることができます。

　次のステップで，評価計画を細分化します。各時期に行う評価の方法を具体的に考え，場面目的状況を踏まえた評価基準を設定します。例えば，特定の場面で生徒がどのようなアウトプットをすればよい評価を得られるのか，その基準を一覧にまとめておくと，授業やテストでの指導がスムーズに進みます。また，生徒が自己評価や相互評価を行う際のガイドラインとしても役立つでしょう。評価方法を明確にすることで，生徒が目指すべき目標が具体的になり，学習意欲の向上につながります。

　その後，教える単元ごとに目標を設定し，それぞれに対応する言語活動を考えます。目標とする姿に向けて，小さなタスクを積み重ねるイメージで授業を構築していきます。このプロセスでは，言語活動を生徒の興味やレベルに合わせて調整し，自然な形でコミュニケーション力が伸びるよう工夫することが大切です。

　ここまで準備が整えば，実際の授業が見えてきます。最後に，教材の作成に取りかかります。新しい教科書に基づいたワークシートや視覚教材を作成し，生徒が学習内容をより深く理解できるようにサポートします。教材づくりは教員の創造性が発揮される場面でもあり，教科書の内容に合わせてオリジナルのタスクやアクティビティを考案することで，生徒の興味を引き出すことができます。

　新しい教科書の導入は負担を感じることもありますが，計画的に準備を進めることで効果的な授業を実現し，教員としての成長の機会にすることができるでしょう。

トップダウンの考え方で仕事して，教科書への理解を深めながら，生徒たちができるようになっていく姿をイメージしよう。

30 若手の先生が授業を見られる仕組みをつくる

「授業を見に行く」だけでなく，これからは「授業を見てもらう」ようにすることが大切。直接的な指導だけでなく，授業で語ろう。

気軽にベテランの先生の授業を見られる雰囲気はある？

　若手の先生が増える中，授業方法の伝授が急務となっています。若手の先生たちは熱意をもって授業に取り組んでいますが，急な生徒指導や問題のある生徒への対応においてはまだ未熟な面が見られます。その結果，授業が思うように進まず，授業が荒れてしまうことも少なくありません。

　こうした問題を解決するためには，実践的なスキルを身につけ，対応力を高めることが求められます。そのための効果的な方法として，**ベテランの先生の授業を若手に見てもらう機会を提供する**ことが非常に重要です。若手の授業を観察しフィードバックを行うだけでなく，ベテランの授業を見学させることで，若手教員が具体的な授業スキルを学ぶ環境を整えましょう。

　私は学習部長として，教科や学年の枠を超えた「授業見合い制度」を導入しました。従来の年に一度の授業公開の代わりに，先生たちが空いている時間に自由に授業を見に行ける仕組みです。従来の授業公開では指導案作成の負担が大きく，公開する授業の準備に時間と労力を費やしてしまいがちで，教員の授業スキル向上には限界があると感じていました。この授業見合い制度では，先生方が自由なタイミングで授業を見に行くことができ，観察した内容や感想を職員室に設置されたQRコードから送信する形式を採用しました。そのフィードバックは教員同士のコミュニケーションツールとしても活用され，自由な意見交換が可能になります。

この新しい制度の利点は，1時間の公開授業に頼ることなく，日常的に授業の技術を向上させる機会を増やせる点です。授業は毎回異なり，生徒の反応や状況によって授業の進行が変わります。授業を日常的に見学し合うことで，様々な授業スタイルや生徒対応の方法を学ぶことができ，指導スキルの幅が広がります。

　見に行く先生だけでなく，見られる先生にとっても学びの場となり，互いに指導技術を高め合う文化を築くことが可能です。また，見学する教員が複数回訪れることで，その先生の授業における成長や工夫の変化を追うことができ，より深いフィードバックができるようになります。

　さらに，この制度では教科を超えたコミュニケーションを促進することもねらいとしています。英語や数学，国語といった教科ごとに分かれがちな教員同士の関係を広げ，様々な教科の授業を見学することで，他教科の指導法や生徒対応のアイデアを自分の授業に生かすことができます。異なる教科の視点からフィードバックをもらうことで，より多角的な視点で授業改善に取り組めるのです。例えば，英語の授業で使うアクティビティが他の教科でも応用できる場合もあり，教科間の連携が生まれることも期待されます。

　授業見合い制度を通じて，**若手の先生が自然に他の教員の指導方法やクラスマネジメントを学ぶことができる環境を整えることは，授業力向上のために非常に有効です。**何度も授業を見に行ったり，見に来られたりする中で，先生同士の信頼関係が深まり，教員集団としての一体感が生まれます。

　このように，日常的な授業観察とフィードバックを重ねることで，若手の先生が成長し，学校全体の教育力を底上げすることができるのです。

学校全体の授業力向上の鍵は，ベテランの先生がいかに授業を見られてもよい雰囲気をつくるか。風通しのよい授業環境をつくろう。

本格的に書く前に，まずは書くことそのものに慣れる取り組みを

　「うちの学校の生徒たちは，書くことが苦手で…」という声を耳にすることがあります。しかし，それは生徒が単に書くことに慣れていないだけかもしれません。本格的な英作文に挑む前に，書くことそのものの練習が不足していることで，拒否反応を示してしまうのではないでしょうか。

　本格的に書く前に，まずは「下手でも構わないから書く」という経験を積むことが重要です。たとえば，幼稚園児が遊びに夢中になってドロドロになりながらも楽しむように，失敗を恐れず，書くことそのものを楽しむ姿勢を育てたいものです。公立中学校で20年近く教えてきた経験から，本格的な文章を書く前にこうした取り組みが必要だと強く感じています。

　私が時折行う活動の一例を紹介します。扱った教科書本文をできるだけたくさん覚えたら，教科書を裏返し，覚えた分だけノートに書き取ります。その後，教科書を開いて続きを覚え，再び書き取る。このプロセスを繰り返します。この活動にはスピード感を求めることで，生徒たちはできるだけ多くの英文を覚えようと集中します。その結果，記憶力の向上と，英語を書くことへの抵抗感を取り除くことができます。

　このような取り組みを通じて，生徒たちが書くことに慣れ，やがて本格的な文章を書くための土台が養われます。英作文を教える際，まずは「書く楽しさ」を伝えることが大切だと実感しています。生徒たちが書くことを恐れず，むしろ楽しむようになるための第一歩を，私たち教師がサポートしていきましょう。

第4章
迅速なフィードバックを
実現する仕組みづくり

31 自動評価ツールをうまく使う

観点別評価の負担は，英語科では特に大きい。
そこで，自動評価ツール（Googleフォームなど）を使って一気にその採点やフィードバックが効率化できる。

たまには楽してもいい

　英語ほど「観点別評価」を厳密に行っている教科はないと思います（その他の教科を知らずに申し上げています…）。4技能5領域のそれぞれに対して，知識・技能，思考・判断・表現を見取りながら成績を出していくのは本当に大変です。

　だから，たまには楽していいんです。文明の利器に頼れるところは頼っていきましょう。

　例えば，私は毎学期のリスニングの評価をGoogleフォームの自動採点機能で行っています。これまでは問題用紙を配布して回収，採点，配布の手間がありましたが，Googleフォームを使うことでその手間は大幅に減りました。また，生徒たちの正答率も瞬時に計算してくれるので，**1時間の中で採点をして，間違いが多かった問題も聞き直し，解説できるようになりました。**

大規模校であればあるほど自動評価ツールの威力は上がる

　デジタルのよいところは，まずはそのシェアしやすさにあります。自動採点フォームを一旦つくってしまえば，そのURLを生徒たちがアクセスできるところに貼り付けるだけで準備は終わります。

　また，そのよさは大規模校であればあるほど威力が発揮されるところにも

あります。私の学校には500名以上の生徒がいますが，URLを生徒たちがクリックして問題に答えるだけで一瞬で採点してもらえるし，500名分の成績へ反映させることができます。

　さらに，これがもし1000名以上の学校になれば，またその威力が上がります。**デジタルは，大規模校になればなるほど，効率が上がったときの恩恵が大きいのです。**

採点から解説まで，1時間の中で完結できます

楽は悪ではない。これだけよいツールが揃った時代のなのだから，ぜひ有効活用していこう。特に大規模校になればなるほど，導入すればその威力は大きい。

第4章　迅速なフィードバックを実現する仕組みづくり　077

32 英作文の指導方法を押さえる

英作文の指導をより深く，効率的に行うには…多くの先生方が悩んでいることと思う。キーワードは，「のびのびと書く」「よい英文とは何か気づかせる」。

英作文指導の考え方

　英作文に取り組む際には，「何を書くか」「どう書くか」の2つの側面を意識させることが重要です。具体的なテーマやガイドラインを設けることで，生徒の取り組みやすさが格段に向上します。テーマを与える際には，生徒が日常生活で感じることや身近な話題を選ぶと，書く意欲も高まります。

　まずは，書く内容を構成するために簡単なアウトラインを作成する練習を取り入れます。例えば，3つのパート（導入，本文，結論）で構成するように指導し，各パートでどのような情報を書けばよいのかを具体的に示します。さらに，階層式マッピングを取り入れることで，文章の構成を視覚的に整理します。階層式マッピングでは，中心テーマから関連するアイデアや具体的な情報を枝分かれさせていくため，生徒が論点を見失わずに書き進められます。アウトラインとマッピングを通じて，英作文に必要な語彙や文法を考える機会も増え，アイデアを具体化する力が育まれます。このように，準備段階を丁寧に行うことで，生徒が「書くこと」への苦手意識を克服しやすくなります。

　英作文の添削は段階的に行うと効果的です。最初は文法などの基本的な間違いを中心にチェックし，徐々に内容や論理の展開に関するフィードバックを加えていきます。一度にすべての問題点を指摘するのではなく，習熟度に

応じた段階的な添削を行うことで，過度な負担をかけずに改善を促すことができます。フィードバックは具体的であることが重要です。単に「間違い」ではなく，「ここをこう直すともっとよい表現になる」と具体例を示すことで，生徒は自分の書いた文章をどう改善すればよいか明確にわかります。

なお，私の授業では，評価にこだわらない場面の英作文に関しては，細かなミスはあえて指摘せずに，のびのびと書かせるように指導しています。よい英文を取り上げ，どんな書き方がよいとされているのか，適切な語彙の使い方をシェアし，生徒たちがミスに気づくように指導しています。

さらに，生徒同士の相互添削も取り入れると，他の表現方法に触れる機会が増え，自分の文章との違いを意識するようになります。他者の作文を添削する過程で，自分自身の弱点にも気づきやすくなるため，英語力の向上に役立ちます。相互添削を行う際には，具体的な評価基準を示し，生徒が何を基準にフィードバックを行うかを明確にすることで，指導効果が高まります。

英作文の評価に関しては，内容，文法，語彙の３つの視点からバランスよく行います。内容は，テーマに対して適切な情報が含まれているかを確認し，文法は基本的な構造の正確さ，語彙は適切で多様な表現が使われているかに注目します。これらの評価基準を生徒にもあらかじめ示しておくことで，英作文に対する取り組み方が明確になり，学習のモチベーションが向上します。

最後に，英作文活動を成功させるためには，日常的な練習の積み重ねが不可欠です。例えば，日記形式で短い文章を書く習慣を取り入れるなど，生徒が「書くこと」に慣れる機会を増やすことが大切です。

このように，**段階的な指導と評価，そして日常的な練習を通じて，英作文の力を着実に伸ばしていきましょう。**

英作文指導は英語科教員の永遠の悩み。少しでも先生方が働きやすく，生徒も力がつく環境をつくろう。

第4章　迅速なフィードバックを実現する仕組みづくり　079

33 教科面談で生徒の学習状況を把握する

> 英語科教員による教科面談を実施することで,生徒たちの学習状況を把握できる。テストの後,もしくは学期に一度程度行うことを目標に。

教科面談をしてみよう

　定期テスト後の教科面談は,生徒一人ひとりが自分の学習を振り返り,次の目標に向けて取り組むための重要な機会です。

　学期に一度,テスト後に面談を行うことで,学習内容が鮮明なうちに成果と課題を明確にし,次のステップへの指針を生徒とともに考えます。特に,**定期テストの終了直後というタイミングは,学んだ内容がまだ新鮮な状態であるため,生徒が自らの学習成果を見つめ直し,次に向けた計画を立てるのに最適**です。

　面談の主な内容は,テスト前の勉強方法や量,普段の授業や家庭学習の取り組みについて話し合うことです。生徒がテスト前にどのような準備を行ったか,その結果がどのように反映されたかを確認し,次に向けた改善点を一緒に考えます。

個別面談で生徒の悩みに応じた支援を

　面談の中で,生徒は学習に対する悩みや疑問を教員と共有できます。例えば,リスニングが苦手だと感じる生徒には,日常的に英語の音声に触れるための具体的なリソースを提案したり,英単語の覚え方に困っている生徒には単語カードや効果的な復習法を紹介するなど,個々の状況に応じたアドバイ

スを行います。このような対話を通じて，生徒は自分の学習方法を見直し，次の学習に生かすことができます。

　面談の後半では，テストの結果を振り返り，どの力がついているか，どの部分に課題があるのかを具体的に分析します。例えば，「リーディングはよくできていたが，リスニングで点数が伸びなかった」という場合，その原因を考え，リスニング強化のための練習方法を提案します。

　このように，テスト結果を基にした具体的なフィードバックは，生徒にとって成長の道筋を示すだけでなく，次への挑戦を明確にするものです。**計画的なフィードバックを通じて，生徒は自分の学習に対する主体性を育み，成長に向けた具体的な行動を見出す**ことができます。また，教員にとっても，生徒の理解度や学習状況をより深く把握し，個別に支援するための大切な機会となります。

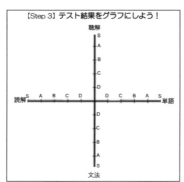

このようなグラフを用いて一人ひとりの振り返りを促します

先生の知らないところで，学習の悩みがあるかもしれない。個別に改善策を提案して支援できる時間をつくろう。

34 英作文のフィードバックを AI にやってもらう

フィードバックは1分以内に行うと学習効果が上がるといわれている。英作文の添削を AI にお願いすることで，迅速なフィードバックが実現できる。

AI を使った英作文添削

英作文の添削を効率的に行うために，AI 技術の活用が大きな役割を果たしています。従来のように，生徒がノートに書いた英作文を教員が集め，一つひとつ手作業で添削する方法は，時間と労力がかかりすぎます。特にフィードバックは迅速に行うことが重要で，研究によると1分以内に行われるフィードバックが最も効果的であるといわれています。授業時間内での迅速な添削とフィードバックの提供が求められる中では，AI を活用することが最適な解決策となるでしょう。

例えば，ChatGPT を利用することで，簡単かつスピーディに英作文の添削を行うことができます。具体的には，生徒が自分の英作文を端末で入力し，そのまま AI に送信することで，1分以内にフィードバックを受け取ることが可能です。**AI は文法の間違いやスペルミスだけでなく，表現の適切さや構成の改善点についても詳細なコメントを提供してくれます。**これにより，生徒は即座に自分の英作文のどこがよかったのか，どこを改善すべきかを理解することができ，学習効果が高まります。

ChatGPT は，ハルシネーションなど注意しなければいけないことはあるものの，特別な設定は不要で比較的手軽に始められる点も大きな利点です。

教員は「ChatGPT で英作文の添削をしてくれる機能」を探し出し，生徒

が利用できる形で導入します。例えば，授業中に英作文をオンラインで提出させ，その場でAIが添削した結果をフィードバックする流れをつくることで，フィードバックまでの待ち時間を大幅に削減することができます。

　従来の方法では，添削結果を生徒に返すまでに数日を要することもありましたが，AIを活用することで，その場でフィードバックを受け取ることが可能になります。さらに，AIによる添削のメリットは，生徒が繰り返し練習できる点にもあります。英作文のスキルは練習を重ねることで向上しますが，AIを使えば時間や場所に縛られず，いつでも英作文の練習と添削ができるようになります。生徒は何度もAIに英作文を提出し，毎回フィードバックを受け，自分の弱点を修正し，よりよい表現を習得していきます。また，AIは常に公平な基準で添削を行うため，教師の主観に左右されずに客観的な評価を得ることができます。

　もちろん，AIによる添削が万能というわけではありません。AIのフィードバックを受けた後には，教員が補足の指導を行うことが重要です。例えば，AIが見逃しがちな文脈におけるニュアンスや，日本人の生徒が特に間違いやすい表現については，教員が追加で解説することで，生徒の理解が深まります。**AIと教員の役割を組み合わせることで，従来の手作業の添削に比べて効率的かつ効果的な指導が可能になります。**

　このように，AIを活用した英作文の添削は，迅速なフィードバックにつながり，生徒の学習を効果的にサポートするための強力なツールとなります。ChatGPTを使うことで，生徒はリアルタイムで添削結果を得ることができ，教員は指導に専念する時間を確保できます。これからの英語教育において，AIの活用は欠かせない要素となるはずです。

OpenAIには年齢制限があり，中学生が使うには保護者の同意が必要になるケースがある。規約を確認して，適切に運用しよう。

第4章　迅速なフィードバックを実現する仕組みづくり　083

35 「英作文問題集」で生徒の
ライティング力向上と自己成長を促す

「英作文問題集」を使い，効率的なフィードバックで生徒のライティング力を向上をねらう。
フィードバックも工夫が大切。

継続的な学びを支える「英作文問題集」の構成と活用

　私は，英作文指導を強化するために「英作文問題集」という独自の教材を作成し，年間を通じてライティングの指導に取り組んできました。この問題集は100ページを超え，「生徒が下書きをするページ」「先輩たちの優秀なライティング例」「先生の添削を受けて生徒がリライトをするページ」「トピックに関する簡単な並び替え問題」などで構成しており，実践的にライティング力を養うことを目的としています。
　毎週月曜日に生徒から問題集を提出してもらい，年間を通して一貫した英作文の練習量を確保できるようにしました。この定期的な取り組みを通じて，ただ英作文を書くのではなく，自分の書いたものを修正しながら成長を実感できる環境を整えました。

効率的で効果的なフィードバックによる成長支援

　生徒へのフィードバックを迅速に行うために，問題集の冒頭には「よくある間違い例」をまとめたページを設けています。これは，添削時に同じ指摘を繰り返さず，生徒自身がよくあるミスを意識するための工夫です。例えば，三単現のｓの付け忘れや，不定冠詞と定冠詞の使い分けなど，典型的なミスをリストにし，添削の際には生徒がこのリストを見返して訂正できるよう

にしました。

　また，フィードバックの効率化だけでなく，間違いを自分で発見し修正するプロセスを重視することで，生徒の自己学習力を高める効果も期待しています。この方法により，指導のスピードが上がり，他の業務に時間を割く余裕もできるようになりました。

　さらに，生徒がリライトを行う際には，これまでのフィードバック内容や書いてきた英文が見えるように配慮しています。フィードバックに基づいて修正を加え，再度提出する「書き直し」のページを設けることで，生徒は自分の成長を確認しやすくなり，英作文への自信も高まりました。

　また，英語が得意な生徒には，間違えている点や不自然な表現のみを示し，具体的な改善点についてはあえて教えすぎないようにしています。こうすることで，彼ら自身が問題点について調べたり質問したりする意欲を引き出し，より高度な学習を促す工夫を取り入れました。

　こうした独自のフィードバック方式は，生徒からも「これまでの成果がわかりやすく，やる気につながる」と好評です。このようにして，「英作文問題集」を活用することで，生徒は定期的に英作文に取り組み，ライティング力を着実に向上させることができました。問題集の構成やフィードバックの工夫によって，生徒の自己学習力と自己評価力が高まり，英作文指導において成果を上げることができます。

生徒が間違いをすぐに見直せるように，典型的なミスを事前に示しておき，添削をスムーズに進めよう。

Column 4

休もう

　情報が手に入りやすくなった現代，私たちは常に何かに追われているような感覚に陥りがちです。タブレットやスマホを通じて，退勤後でも仕事の連絡やニュースが次々と入ってきます。その結果，頭も体も休む暇がないという方は多いのではないでしょうか。

　私自身もその1人でした。仕事終わりに家に帰ってもスマホを手放せず，気がつけば家族との時間が減っていることに気づきました。そんなある日，娘が「えほんよんで」と絵本を手に持ってきたのに，私は仕事の連絡が気になって心からその時間を楽しめない自分に気づきました。「あと何回，娘に絵本を読んであげられるのだろう」と考えたとき，私は行動を変える必要があると強く感じました。そこで私は，タイムロッキング金庫を購入しました。家に帰るとスマホを金庫に入れて封印し，次の日の朝まで開けられないように設定します。このシンプルな工夫のおかげで，家族との会話が増え，娘と絵本を読む時間を心から楽しめるようになりました。また，自分の読書量も増え，気持ちのリフレッシュにもつながっています。

　休むことの大切さは誰もが知っていますが，実際に休むのは意外と難しいものです。だからこそ，意識的に休む仕組みを作ることが重要だと実感しています。各自が自分に合った方法で「休む」時間を確保することが，心身の健康を保つ鍵だと思います。

　私たち教師も，日々忙しい中で意識的に休む時間を作り，家族や自分自身のための時間を大切にしたいものです。「休もう」と言える勇気をもつことが，明日の活力につながります。

第5章
教材の共有・共用化

36 共有フォルダを充実させる

英語科教員が誰でもいつでもアクセスできる環境を整えておく。特に教材作成に関しては，誰がどんな教材をつくるのか，年度はじめにあらかじめ決めておくことも大切になる。

教材ライブラリで実現する効率的な授業準備と働き方改革

　働き方改革が進む中学校現場において，効率的に授業準備を進めるために教材ライブラリをつくることは，非常に重要な取り組みの１つです。各教員が作成した教材やプリントを共有フォルダにデジタル化して保存し，いつでも誰でもアクセスできるようにすることで，無駄な作業の重複を防ぎ，業務の効率化が期待できます。

　特に中学校では，学年やクラスごとに教材の差別化が求められることも多いため，**教材作成にかかる時間が膨大になることが少なくありません。**そこで，共有フォルダとして整備することで，他の教員が作成した教材を参考にしながら，新しいアイデアを取り入れたり，必要に応じて教材をアレンジしたりできる環境が整います。

　また，毎年４月には教科部会で担当するユニットやパフォーマンステストを決め，業務の負担を分散させる工夫もしています。各教員が担当するユニットを事前に割り振ることで，教材やテスト作成の責任が明確になり，同じ単元を複数の教員が重複して準備する無駄を省くことができます。特にパフォーマンステストなど，生徒にとっても重要な評価基準となるテストにおいては，フォーマットや評価基準を統一することで，生徒が公平に評価を受けることができるだけでなく，準備も効率的に進められるのです。

088

こうした取り組みは，各教員の負担を軽減するとともに，全体的な授業の質を高めるための重要な一歩となっています。共有フォルダに教材を保存する際には，各単元ごとや学年ごとにフォルダ分けをするなど，わかりやすく整理することが大切です。

　例えば，英語の授業であれば「文法」「語彙」「リーディング」といったカテゴリに分け，それぞれのフォルダに関連する教材を格納します。また，教材にラベルをつけて，使用シーンや目的がひと目でわかるようにしておくと，他の教員が使いやすくなります。こうした整理整頓は初期の段階で少し手間がかかりますが，**一度整備してしまえば次年度以降もスムーズに利用することができます。**

　教材をアップロードする際には，PDFやWordなどのファイル形式で保存しておくことで，どの端末からでも閲覧や編集が可能になり，教員間の情報共有が円滑になります。

　このデジタル教材ライブラリの最大のメリットは，業務の効率化だけでなく，教員同士が学び合うきっかけにもなることです。他の教員がどのような工夫をしているのかを手軽に知ることができ，教科の枠を超えた指導アイデアの交流も生まれるでしょう。また，教員になったばかりの若手にとっても，先輩教員の教材を参考にしながら授業計画を立てることができるため，大きな助けとなります。

　デジタル教材ライブラリは，個々の負担を軽減しながらも，教育の質を高めるための有力な手段となるのです。働き方改革の観点から見ても，共有フォルダを使ったデジタル教材のライブラリ化は，教員の負担軽減と授業の質向上を両立させる上で，非常に効果的な方法といえるでしょう。

英語科主任になってまず始めに考えるべきは，教材作成の負担を減らすこと。うまく分担しながら，**教材ライブラリをつくろう。**

37 授業を「型化」して共有する

> 授業を「型化」することによって，効率的な指導と生徒の安心感を実現できる。
> 授業にテンポが生まれ，学びもスムーズに。

授業の「型化」で効率的な指導と準備の時短を実現

　英語の授業をある程度「型化」しておくことは，授業の効率化と質の向上に大きく役立ちます。型化とは，授業の流れを定型化し，毎回の授業で実施する活動や順序をある程度固定しておくことです。

　この方法を採用すると，教員が授業内容を組み立てる際に迷う時間が少なくなり，準備の手間を減らせるだけでなく，生徒も流れを把握しやすくなり，安心して授業に臨めるようになります。

　授業が始まる前から「今日はこの活動から始まる」という共通認識があれば，生徒は余計な不安や準備の遅れもなく，スムーズに授業がスタートできます。特に英語の授業では，**型化によって授業全体のテンポを保ちやすくなり，活動ごとの役割や目的がはっきりする**ため，効果的な指導が可能になります。

安定した授業構成が生徒の学習意欲と安心感をサポート

　私が実践している授業の型化の具体例として，授業の最初には必ずスピーキング活動を取り入れています。生徒が英語を口に出して話すことで，頭を切り替え，英語モードに入りやすくするねらいがあります。この活動は，簡単なあいさつやペアワークでの質問回答など，短時間で行えるものが中心に

なっています。

　そして，スピーキングの後にはボキャブラリー構築の活動を実施し，その後に教科書の本文導入と内容理解を行います。

　最後には，その日学んだ文法項目を使った言語活動を行い，学習内容を定着させます。

　授業をこのように型化することで，計画がスムーズになり，生徒も流れを把握しやすくなります。また，「英語の授業はまずスピーキング，次に単語，それから教科書を読み…」といった**共通の流れを知ることで，活動への準備も早くなり，安心して授業に集中できる環境が整うのです。**

　型化された授業の「枠組み」があることで，生徒も教員もリズムをもって学び，柔軟に新しい活動を取り入れることが可能になります。

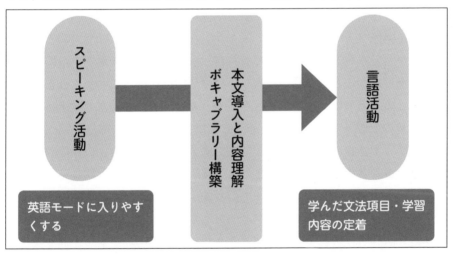

型化の例

型化された「枠組み」を基にして，各活動を生徒の理解度や授業の進行に合わせてアレンジし，新しい内容も取り入れられるようにしよう。

38 地区内での交流会をする

学校内だけでなく，自治体内で交流会を開くと有益な情報を得られる。
対面とオンラインの特徴を生かして取り組んでいこう。

地区交流会の取り組み

　英語科主任として，教員同士で意見や教材を交換し合う「地区交流会」を定期的に開催することは，授業の質を向上させるためにとても大切です。先生たちが自分たちで作成した教材を共有し合い，その工夫や使い方について意見を出し合うことで，互いに新しい発見や学びを得ることができます。

　私たちの地区では，この交換会を対面とオンラインの両方で実施しており，それぞれの特徴を生かしながら運営しています。まず，毎月1回，Zoomなどを使ってオンラインで開催しています。オンラインのよい点は，手軽に参加できることです。忙しい先生でも，自宅や職員室から，移動時間を気にせずに参加できます。遠くに住んでいる先生も気軽に参加できるので，参加者の幅が広がり，多くの意見やアイデアを共有できるのが魅力です。オンラインだと時間も比較的柔軟に設定できるため，参加のハードルが低くなります。

　しかし，オンラインには課題もあります。特に，教材を交換する際に，その教材がどのようにつくられたか，その意図や背景をじっくり聞くのが難しい点です。画面越しだと，どうしてもコミュニケーションが表面的になりがちで，深い話がしづらいことがあるため，事前に資料を共有したり，質問を受け付ける時間を設けたりなど，対話の質を高める工夫が必要です。

次に，対面での交流会についてです。対面式の交流会は，学期に一度か，年に一度，地区内のすべての英語の先生が集まって行います。対面でのよいところは，やはりその場で直接顔を合わせて話せるため，教材についての細かな質問や使い方のポイントなどをすぐに聞ける点です。先生たちはお互いの話に耳を傾けながら，実際に教材を手に取り，具体的な活用法や授業づくりについて深く話し合うことができます。

　こうした直接のコミュニケーションは，信頼関係を築くのにも大いに役立ちます。また，教員同士のネットワークが強化され，今後の情報共有や協力体制にもつながります。

　ただし，対面の交流会にもデメリットがあります。特に，忙しい先生にとっては，わざわざ会場まで足を運ぶ時間をつくるのが大変なこともあります。学校の行事や授業準備が重なる時期には，参加が難しくなることもあるでしょう。ですから，対面での交換会は学期に一度や年に一度など，スケジュールにゆとりをもたせて，全員が参加しやすいように計画することが大切です。

　このように，教材交換会はオンラインと対面の両方をうまく組み合わせることで，それぞれのよさを生かしながら，欠点を補い合うことができます。

　オンラインでは，毎月１回手軽に情報を共有し，継続的な学びの場を提供します。一方で，対面では年に一度の深い対話の機会を設け，教員同士の結びつきを強化し，質の高い教育を目指していきます。

　このような取り組みを通じて，**英語の先生たちがお互いに刺激を受け合いながら，教え方や教材をさらにブラッシュアップしていく**ことができるのです。若手の先生方も，こうした機会を積極的に活用し，自分自身の成長につなげていってほしいと思います。

対面とオンラインのそれぞれのよいところを考えながら，地区の英語教育が活発になるように動こう。

第５章　教材の共有・共用化　093

39 空き教室を有効に使う

少子化で増えつつある空き教室。準備室にして教材などを管理するのもよいが、生徒たちが自主的に使えるような環境づくりをしてみては？

少子化で増えた空き教室を有効に使おう

　先生方の学校には空き教室がありますか？　私が担当する学年は幸いにも（？）他学年よりも１クラス少なく、空いている教室があるので、そこを活用することにしました。

　まず、ロッカーを整理し、過去問題を大問ごとに分けて保管します。例えば、長文問題やリスニング問題、文法問題などをそれぞれのプリントを印刷し、何十枚も印刷して置いておきます。生徒が自分で選んで取り出せるようにすることで、自主的な学習を促します。

　さらに、各問題プリントには、問題回答のコツやポイントを付け加えておくことで、生徒が独力で理解を深めやすくなります。

　このように、ロッカーをただの収納スペースとしてではなく、生徒の学習意欲を引き出すためのツールとして活用することができます。自分のペースで学びたい生徒にとっても、非常に有益な学習環境を提供することができるでしょう。

理想は勉強スペースとして解放すること

　理想的な使い方としては、空き教室を生徒たちの学習スペースとして整備し、机や椅子を配置して、いつでも勉強できる環境を整えることが挙げられ

ます。

　この教室では，先に述べたように，ロッカーに過去問題が大問ごとに整理して保管しており，生徒は自由に取り出して自分のペースで学習することができます。特に試験前の自主学習や放課後の補習に役立つ場所として，教室が活用されるとよいでしょう。

　しかし，現実には生徒たちは放課後も部活動や他の課外活動で忙しく，全員がこの学習スペースを活用できるわけではありません。また，教師側も勤務時間の制約があり，常に監督や指導ができるわけではないのが現状です。それでも，このような学習スペースの設置は，**生徒たちが自主的に勉強しようとする雰囲気をつくる**という意味でも価値があります。

　このように，少しずつ改善を重ねながら，よりよい学習環境を提供することで，生徒たちの成績向上や学習意欲の向上につなげていきましょう。本年度は，中学３年生を担当しているので学年部会で検討したところ，上記のようなプリントを自由にとっていけるスペースに加えて，進路の部屋をつくることになりました。進路担当の先生が教室を整備してくれて，ロッカーごとに各高校の資料を設置しています。生徒たちは好きな時間に進路の部屋に行き，資料を見たり進路の話をしたりしています。

　おかげで，担任は生徒ごとに高校に関する資料を用意する必要がなく，「進路の部屋に資料があるから見てきて」で大体の情報は手に入る環境になりました。

空き教室の利用は生徒たちの主体性を引き出すよいチャンスになる。学年のカラーを出しながら，有効活用していこう。

40 生徒への授業アンケートを実施する

英語の教え方や教材に関して，年に2回は生徒にアンケートをとるようにする。
得た意見は，必ず授業改善に役立たせよう。

教師⇔生徒での継続的な授業改善に

　英語教育の質を高めるためには，教師と生徒との間での継続的な授業改善が欠かせません。
　私は，年に2回，授業で行っている授業方法や使用している教材に関してアンケートを実施し，その結果を授業改善に役立てています。アンケートを通じて，具体的な授業内容に対する意見や提案を収集し，それを基にして授業計画をつくることで，より効果的な教育方法を模索しているのです。
　このような取り組みは，生徒の学びを支えるだけでなく，教員自身のスキルアップにもつながります。授業での工夫や新しい教材の導入の影響を確認し，授業の質を継続的に向上させることを目指しています。

新しい取り組みへの意見こそ積極的に取り入れる

　アンケートによる意見を募集した一例を紹介します。
　勤務校では，語彙習得の一環として導入したタイピングを使った英単語学習ツール「TypeGo」を取り入れてみました。そこで，実際に取り組む生徒の実感を知るため，フィードバックを集めました。
　タイピングを通じた英単語学習は，まだ全国的には普及していない取り組みですが，今回のフィードバックを通じて，生徒にとって有効であるかを把

握することができました。

　生徒たちからは、「タブレットだと英語の音声も聞けてリスニングにつながる」「楽しく学べる」「タイピングのスキルが上がる」などの声が寄せられ、単なる暗記よりも効果的に語彙力を高める一助となっていることがわかりました。

　このような新しい学習方法の導入と改善に対する積極的な取り組みは、これからの授業と続けていく上で大きなヒントとなるでしょう。

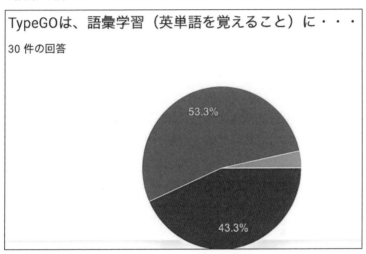

上記が生徒へのアンケート結果で、9割強の生徒が肯定的に捉えています

日本全国に同じ教室は1つもない。生徒が変われば、教え方も微妙に変わってくるもの。生徒の声を大事にしよう。

第5章　教材の共有・共用化　097

第6章
ALTとの連携・協力体制

41 テストの内容を ALT に確認してもらう

> ALTのネイティブの目線は，テスト作成の質の向上において強い味方になる。
> 場面や目的，状況を厳しくチェックしてもらおう。

中1最初のテストには（も）ALTが大活躍

　ALTに活躍してもらう方法として，中学1年生の定期テストに向けて，リスニング問題の音声を録音してもらうことが挙げられます。

　特に中学1年生の最初のテストでは，市販の音声教材が十分に揃っていないため，自校独自の問題を作成することが求められます。この際，ALTと連携し，テスト内容に合ったリスニング問題を考案するとよいでしょう。ALTにその録音を担当してもらうことで，生徒にとってリアルで自然な英語音声を提供することができます。

　ALTのネイティブスピーカーとしての強みを生かし，発音やイントネーションが正確な音声を提供することで，生徒の英語理解を深めると同時に，ALT自身もそのプロセスで積極的に関わることができます。さらに，音声データは必ず学校サーバーに保存しておくと，次年度の授業ですぐに使うことができます。

　ちなみにリスニング問題の作成の裏技として，入力したテキストを流暢に，しかも話し手の出身まで選べる「音読さん」というサービスを使うこともできます。

長文作成にも関わってもらおう

　定期テストにおける長文問題の作成は，英語科主任にとって非常に重要な任務であり，多くの労力を要します。長文問題は生徒の読解力や文法知識を測るための重要な要素であり，その質の高さが求められます。この際，ALTの協力が不可欠です。

　ALTにはネイティブスピーカーとしての視点から，長文の言い回しや文法の正確さをチェックしてもらうよう依頼しますが，事前にテストとしてよさそうな長文をいくつか読んでおいてもらうことで，チェックがさらにスムーズに進みます。これによって，問題作成の話し合いも円滑に進み，最終的にテスト内容がより自然で実用的な英語になります。

　また，ALTの協力を得ることで，作成者自身の負担が軽減されるだけでなく，ALT自身もテスト作成に積極的に関与できるため，学校全体の教育活動への参加意識が高まります。

定期テストは，なるべく初見の文章を

　ちなみに，先生方の学校の定期テストの長文は初見のものをつくっていますか？　教科書を教えるのではなく，教科書「で」私たちは教えています（リーディングだったら「英語の読み方」を教えています）。教科書で扱った英文は極力避け，教科書で扱った英文でつけさせた力を測るような英文を出題するようにしたいものです。

ALTも英語科の仕事に積極的に関わりたがっている。テストにもぜひ関わってもらおう。

42 ALT交代時にやることを押さえておく

原則ALTは2年から3年ほどで交代します。ALTが来日すると，多くの手続きや準備が必要に。スムーズに日本で生活を始められるようにするための手順を知っておこう。

役割分担が最も大切

　ALT交代時には，お迎え，銀行やアパートの手続き，ライフラインの確保など，手続きが多岐にわたります。例えば，来日時県庁などにお迎えに行く際の役割分担が重要です。

　1人はALTに日本の紹介を行い，話し相手となります。ALTにとって，異国の地での初めての体験は緊張を伴うものです。日本の文化や生活習慣，学校や地域の情報を提供することで，リラックスしてもらいます。

　もう1人は車の運転を担当します。空港や駅から目的地まで安全に送り届けることが求められます。運転手は，道中の交通状況に気を配りながら，安全運転を心がけます。また，運転手がALTの荷物運びを手伝うことで，移動がスムーズになります。

ライフラインを整えよう

　まず，ALTは市役所に行って住民登録などの手続きを行います。この手続きは，日本での正式な住所を登録するために必要です。

　次に銀行で口座を作成します。銀行口座は給与の振り込みや各種支払いに必要です。必要な書類（パスポート，在留カード，住民登録証など）を持参し，銀行で口座開設の手続きを行います。

次に，住む場所の手続きです。アパートを借りる際には，不動産会社と契約を結びます。新しい住居に移った後は，ライフラインの手続きを行います。ガス，電気，水道の契約をそれぞれの会社と結びます。また，携帯電話やWi-Fiの契約も必要です。これらの手続きを早めに済ませることで，生活の立ち上げがスムーズになります。

　新しい環境に慣れるために，元ALTや近隣中学校のALTと連絡をとり，地域の案内をしてもらうことも大切です。ライフラインの使い方や地域の特徴，災害時の対応について説明を受けることで，安心して生活を始めることができます。

【ALT交代時にやることリスト】
- ☐ 市役所で住民登録
- ☐ 銀行での口座作成
  - ・必要書類（パスポート・在留カード・住民登録証など）を忘れず。
- ☐ 住む場所の手続き（大家さんへのあいさつなども）
- ☐ ライフラインの手続き
  - ・ガス／電気／水道の契約
  - ・携帯電話／インターネット環境の整備
- ☐ 地域の案内
- ☐ 災害時の対応　　　　など

ALT交代時の仕事は煩雑で多様。帰国がわかったら，新しいALTをスムーズに迎えられるように，できることから始めていこう。

第6章　ALTとの連携・協力体制　103

43 ALTの「状況」を考えて うまく授業を構成する

ALTといっても置かれた環境や出身，趣味趣向もそれぞれ違う。
よくコミュニケーションをとり，授業の構成を考えよう。

より効果的なコミュニケーション重視の授業をつくるために

　英語の授業を「コミュニケーションの場」として捉え，その場面や目的，状況に合わせて授業づくりを行うことは，現代の英語教育において重要な基本的アプローチです。

　この観点から，特に**ALTの方の置かれた環境や文化背景を考慮することが，より効果的なコミュニケーション重視の授業をつくり上げるための一助となります**。ALTが日本での生活や文化についてどのように感じているのかを知り，そこから生徒が学びや気づきを得られるような授業デザインを意識することで，生徒とALTとのやり取りがより深いものとなり，生徒の学習意欲も高まります。

ALTの「状況」を授業に生かそう！

　例えば，ある年，イギリス出身のALTと一緒に授業を行った際に，防災をテーマにした授業を計画しました。当時使用していた中学3年生の教科書では，日本の地震の多さを題材に，防災について学ぶユニットがありました。この学習内容にALTの体験や考え方を取り入れ，実生活での英語の応用練習ができないかと考えたのです。

　ALTと話をする中で，イギリスでは地震がほとんどないため，災害時にどのように行動したらよいかを知らず，避難の方法に不安があることがわか

りました。そこで、「疑問詞＋to＋動詞」の文法を活用し、生徒が「ALTに災害時にどのように避難するべきかを教える」授業を行いました。ALTに実際に日本の防災について教えることで、教科書で学んだ文法を実際のコミュニケーションの場で使う実践的な機会を提供できました。

また、別の年には、来日したばかりのALTを歓迎する授業を企画しました。日本の文化や生活にまだなじみのないALTに対して、地元の観光名所、人気の食べ物、ゆったり過ごせるカフェ、生活に必要な場所（スーパーマーケットなど）を生徒が各班に分かれて紹介する活動を通じて、日本語や英語での情報発信の練習をしました。

こうした活動はALTが日本での生活に役立つ情報を得る機会になるだけでなく、生徒が英語を使って他者に情報を伝える経験を積むよい機会にもなりました。

このように、**ALTの状況やバックグラウンドに合わせて授業内容を考え、授業で学習する言語事項を生かすことが、コミュニカティブな英語教育を実現するためには重要です**。実際に生徒が使う英語が「自分たちの生活の中でどのように役立つか」を実感できるように工夫することで、学びが深まり、自然に英語力が伸びると考えられます。

そのためには、英語教員がALTと積極的にコミュニケーションをとり、ALTの意見や考えを授業に取り入れる姿勢が大切です。

ALTにとっては、英語科教員が頼みの綱。定期的に授業に関する悩みや困りごとを聞き取りながら、コミュニケーションを密にしよう。

44 ALTと一緒に 学校全体を英語の渦に巻き込む

生徒たちにとって，ALTは「注意されたら何となく従ってしまう」ような特別な存在感。そんな特別感をうまく活用して学校を英会話の渦に巻き込もう！

授業以外でALTが活躍する場面をつくろう

　ALTの方に，授業以外にも様々な場面で活躍できる場をつくってあげると，ALTも生徒とコミュニケーションをとることができて喜んでくれます。ここではこれまで私が行ってきた実践の中で，おすすめの方法をご紹介します。

　まず，生徒たちは普段学んでいる英語を実際に使って，ALTとどんどんコミュニケーションをとりたいと思っています。そこで，ALTに常時シールを持っていてもらい，**休み時間などに生徒が話しかけてきてくれたら英会話をしてシールを渡す取り組み**を実践してみてはどうでしょうか。

　可能なら，ALTにストップウォッチを持っていてもらい，どのくらい英会話が続いたか計るようにすると生徒たちの励みになります。1年生は1分英会話，2年生は2分，3年生は3分続くことを目標にするなど設定するとよいでしょう。

昼休みの時間も有効に活用する

　また，本年度私が担任するクラスでは，ALTが来てくれる授業が4時間目に設定されていました。そこで，ALTに「もし昼休みタスクがなければ，この教室で生徒と一緒に給食を食べない？」と提案したところ，快く引き受

けてくれました。

　以前のコロナ禍では考えられませんでしたが，今では生徒同士，ALT も交えて日本語と英語でやり取りしながら笑顔で給食を食べています。その後の昼休みもたまに残ってくれて，教室で談笑していることもあります。ALT は，他国から日本に来ている分，私たちが思っている以上に「日本の生徒たちともっと関わりたい！　話したい！」と思っているのかもしれません。そんな ALT が学校の中でより活躍できる場面をつくることも，英語科主任の仕事でしょう。

英語カフェをオープン

　昼休みに空き教室で「英語カフェ」を開くのは，生徒たちがリラックスして英語で会話するよい機会になるかもしれません。生徒たちが英語で話すことが好きになるような，気軽に英語で会話できる場を設けると，間違いを恐れずに話すようになります。

　このような環境で ALT とコミュニケーションをとる経験が積めれば，授業でのスピーキング活動でも自信をもって発言するようになります。生徒が自然に英語に触れ，楽しく話せる英語カフェは，英語の授業にもよい影響を与えるでしょう。

ALT は生徒たちとコミュニケーションをとりたがっている。それは生徒たちも一緒だろう。授業以外にも話せるような機会を設定していこう。

第6章　ALT との連携・協力体制　107

45 パフォーマンステストは ALT と協力して行う

> パフォーマンステスト，特にスピーキングについては評価がブレやすい。そこで，評価をする先生を ALT と決めて，JTE は補助に回ろう。

パフォーマンステストは ALT の協力なしにはできない

　前述の通り，英語はただでさえ評価する領域が多い教科です。リーディングやリスニングはペーパーテストなどを使って JTE だけで評価できるかもしれませんが，スピーキングについては発表・やり取りどちらも ALT の協力をお願いするとよいでしょう。

　ちなみに私の勤務校には ALT が 2 人常駐してくださっているので，都合が合えば発表ややり取りのパフォーマンステストの授業には 2 人とも来てくださいます。2 人に経験年数の差があるので，その評価の方法などを研修するという意味合いもありますが，それよりも 2 人で話し合いながら評価することで生徒に対する評価にブレがありません。

　大規模校でクラス数が多いとそのスケジュール調整が大変かもしれませんが，学年の英語科それぞれにお願いすることで，効率的に仕事を進めていけます。

パフォーマンステストの見通しを立てておこう

　学年を見渡してみると，「このユニット・このページは外せない」「この表現は必ず生徒たち全員にできるようにさせたい」という，核となるようなページが見えてきます。1 年生は自己紹介や他己紹介，2 年生は接続詞を使っ

たライティングや助動詞も大切でしょう。3年生は中学校生活のまとめのスピーチなどがそれにあたります。英語科の主任としてそれらを見渡しながら，学年の英語科の先生と相談してパフォーマンステストをつくっていきます。

しかし，評価に絡んでいる以上，必ずしっかりと指導をしてから評価をします。指導と評価の一体化の観点から，授業で何度も繰り返し練習をしてパフォーマンス力の向上を求めます。

その意味でも事前にどのユニット・ページでパフォーマンステストを行うのか，年に何度行うのか事前に決めて情報を共有しておくことが最も大切なのです。

イメージのすり合わせを行おう

また，共有された計画が現場で適切に運用されるよう，教師間の連携を強化し，授業実践の具体的なイメージをすり合わせることも重要です。例えば，具体的なテストの形式や評価基準を事前に統一しておくことで，生徒にとってわかりやすく，教師側の負担も軽減されます。

このような準備を丁寧に行うことで，生徒が安心して練習に取り組むことができ，パフォーマンステストが指導の延長線上でスムーズに実施できる環境を整えることができます。

働き方改革の観点からもパフォーマンステストはALTと一緒に行う。年間計画として事前に概要を決めておくことも大切。

Column 5

言いたいことはちゃんと伝えよう

「先生だから」「教育現場だから」と，自分の気持ちや考えを後回しにして
しまうことはありませんか？　教師という職業は，生徒や保護者，同僚，そ
して管理職との関係性に気を使いがちです。そのため，無意識のうちに自分
の本音を飲み込み，職場の状況や勤務体系について声を上げるのをためらっ
てしまう場面も多いのではないでしょうか。

　しかし，先生方の勤務環境は教育の質に直結します。疲れ切った状態で授
業をしても，生徒に全力を注ぐことは難しいものです。だからこそ，言いた
いことを我慢せず，しっかりと伝えることが大切です。

　例えば，「勤務時間を超えても会議が続く」「昼休みをとることが難しい」
「明らかに勤務時間前の出勤を余儀なくされている」といった具体的な課題
がある場合，それを伝えることで初めて改善の道筋が見えてきます。意見を
言うことは決してわがままではありません。それは，自分自身の健康と，生
徒たちのためによりよい教育環境をつくるための第一歩なのです。また，目
の前の生徒たちのために，リフレッシュした状態で授業に臨むことは教える
ことのプロとして当然の基本姿勢なのです。

　もちろん，言い方やタイミングは重要です。感情的に伝えるのではなく，
建設的に意見を共有することが求められます。また，1人で声を上げるのが
難しい場合は，同僚と協力して共通の課題として提案するのもよい方法です。

　教師として，つい「生徒第一」に意識が向いてしまうことは理解できます
が，それを支える自分自身の環境を整えることもまた，生徒のためなのです。
自分の思いをしっかり言葉にすることは，教育現場をよりよくするための大
切なスキルです。

第7章
生徒の自主学習力の向上

46 自律的に学習できるように具体的な道筋を示す

明確なゴールがなければ自律的な学びは難しい。オンラインとオフラインを組み合わせて,生徒たちにテストごとのゴールを示すことで,一気に学習しやすくなる。

子どもたちは「山頂」が見たい

　私たち大人に置き換えてみれば明白ですが,**生徒たちは「何をどのくらい(どの程度まで)学習すべきなのか,学習すればよいのか」を常に求めています**。

　生徒たちは毎日毎時間勉強をしています。そのゴールがわからないまま勉強することは,霧の晴れない山であと何時間歩けば山頂にたどり着くのかわからないまま山登りをしているようなものです。

　そこで私は,テスト期間を1つの基準と捉え,その期間内に「何を」「どのくらい(どの程度まで)」高めておくとよいかを,できるだけ具体的な形で示します。

　その内容は,オンライン(例:タイピングで鍛える英単語,タブレットで行う英作文学習など)とオフライン(例:学校で購入した教材やノートへの書き取り)の両方がありますが,その示し方は具体的であればあるほど勉強がしやすいです。

　基本的には,それらの課題は自宅で行うことにしています。自分の力を振り返り,何が足りていないのかを考えさせ,自分に応じた課題に取り組むことで,自律的な学習者の育成を目指します。

とはいえ，生徒たちは正しいことより楽しいことを優先する

例えば，私たちが「学ぼう」と思い，本を読んでいたとします。そのときに，近くにあったスマホに通知がきます。大抵の方は本を読むのをやめ，スマホを手に取り通知をチェックしてしまうでしょう。大人がそうなのだから，生徒たちも多くはそうするはずです。学ぶことが「正しい」とわかっていても，「楽しい」を優先してしまうのです。

そこまで寄り添う必要があるのかと賛否が分かれると思いますが，私は学びも「楽しい」に寄っていくことで，自然と学びに向かい，力を高めることができると考えています。

例えば，娘（5歳）は就学前ですがシルエットを見て47都道府県すべてを言えますし，それぞれの名産特産を暗記しています。長男（11歳）は中2までの英単語をスペルまで暗記してしまいました。次男（9歳）も計算力なら長男を超えます。

彼ら・彼女はガリガリと勉強したわけではなく，遊びの中でそれらを習得してしまいました。**遊びは学びなのです。**そんな要素を少しでも自宅で取り組む課題に取り入れられたら楽しく勉強ができるかも…と考えています。

自律学習の第一歩は「正しさ」よりも「楽しさ」。学びの楽しさを味わって，学習に前向きな姿勢を。

47 自主学習の道のりを提示する

> ネットを検索すれば，様々な英語学習法がヒットする。
> しかし，教師として大切なのは，英語学習上達の道のりを提示すること。

英語学習の迷子にならないために

　山の登り方がたくさんあるように，英語学習の方法もたくさんあります。ネットで検索すれば，動画でその方法を解説してくれたり，音源まで簡単に入手したりできるようになりました。

　生徒たちは多数の情報に囲まれており，山の頂上に行きたいのに，登山口から迷子になってしまっているのかもしれません。そこで，山の登り方を早い段階で提示しておくのも自主学習の手助けになります。

　例えば，「英作文がうまくなりたい」と思った生徒はどのように学習をしていくべきなのか，「聞き取り問題に強くなりたい！」と思ったらどのようにトレーニングをしていくとよいか，**教師が目の前で中学生を見ていて最も適切なトレーニング方法をまとめておく**のです。

　そうすれば生徒たちは迷わずに山を登り始めることができるでしょう。

努力の正しい方向性を提示する

　特に英語という教科の特性上，自主的に勉強することがとても大切です。英語を得意としている生徒のほとんどは，必ずと言っていいほど自分なりに自主的な勉強をしているのです。

　1年生に英語の授業をしているときに「英語の読み取りが苦手だからどう

したらよいか」という質問を受けたことがあります。その問いに対して私からは，「意味のわかる英文の音読を1日5分でいいから続けるとよい」と回答しました。

その後，その生徒は，私が授業をしているユニットを指示した倍の10分間，半年間毎朝音読を続けました。するとその生徒は，学年の後半からめきめきと力をつけ始め，高得点を連発するようになりました。

英語は本人の努力がとても大きい教科です。その努力の正しい方法を早いうちに体系立てて提示しておきましょう。

スモールステップでの成功体験を

さらに，生徒が自分の成長を実感できるよう，小さな成功体験を積み重ねられる指導も欠かせません。例えば，簡単な課題から始めて段階的に難易度を上げていくことで，達成感を得ながら力を伸ばすことができます。また，定期的に成果を振り返る場を設け，努力の方向性が間違っていないかを確認し，必要に応じて軌道修正を行うことも大切です。このような指導を通じて，生徒たちは努力することの意義を理解し，自主的に取り組む姿勢を身につけていきます。

音読を1日10分，3年間続けたこの生徒は一度も80点以下を取ることがなかった。自主学習の大切さをことあるごとに伝え，英語への意欲を高めていこう。

48 自律学習のサポートは「夢の設定」から行う

「TOEIC で目標点数を取る！」と目標があれば大人も勉強しやすいように，生徒たちも目標があれば勉強しやすい。まずは生徒の「夢の設定」から。

大人になったらどうありたい？

「大人になったら何になりたい？」という質問にパッと答えられる中学生は稀です。しかし，「大人になったらどうありたい？」と問うと考えやすくなります。

もし将来やってみたいことがある生徒なら，「○○をやってみたい！」「○○になりたい！」と答えるでしょうし，やりたいことが見つからない生徒でも将来について目を向けて考え始めます。

少しでも将来のことを考え始めてくれたら，勉強の意義，英語を勉強する意味も見出しやすくなります。そのためにも一度，生徒たちと定期的に面談する時間がとれるとよいでしょう。

英語をどう使おう？

私の息子が一度「なぜ英語を勉強するのかわからない！」と言い始めたことがありました。それは本当にそう思ったのではなく，理解できない文法があり悔しさからの発言だったのか，本当に英語の勉強に意義が見出せなくなったからか私には最初わかりませんでした。

彼とよく話をしてみると「日本で暮らしていく上で英語を使わなくてもやっていけそう」という意見でした。**しかし彼がその後英語の勉強を続けるこ**

とができたのは，夢の存在でした。

　彼は将来「海外で働いてみたい」または「研究者になって人の役に立ちたい」という強い思いがありました。海外で働くためには英語のスキルは必要ですし，日本で研究者になったとしても論文を読んだり研究の成果をグローバルに発信するためには英語が必要かもしれないよと，日頃から伝えていました。

　日本人にとって英語の勉強はモチベーションが上がらず，そのツールを使った先が見えにくいものです。しかし，生徒たちの中に**「英語を使って何をしてみたいか」「将来やってみたいことに英語を掛け合わせたらどんなワクワクすることが待っているか」と伝えていく**ことで，それが英語学習のモチベーションになり得るのです。

　都市部では，多くの観光客が訪れ英語の使用が目に見えてわかる環境にありますが，地方に行くとまだまだ英語を使って仕事をする実感がないかもしれません。そこで私は，年度初めに自作の「なぜ英語を勉強するのだろう」というムービーを見せ，目標設定シートを書いてもらうことにしています。なかなかそういった時間はとれませんが，今学んでいる英語を将来どう使っていきたいか，確認する時間をとってみてもよいのかもしれません。

自転車に乗れるようになったときそうであったように，英語ができるようになると世界が広がる。将来どうありたいかを考えながら，英語をどう利用するか，考えさせるのもよいかもしれない。

49 Quizletを使って語彙学習をする

Quizlet を使えば簡単に英単語の語彙学習ができる。教科書が改訂されたら早めに記載されている英単語を入力しておこう。

Quizlet とは？

　Quizlet はオンラインの学習ツールで，特にフラッシュカードを使った勉強に特化しています。単語やフレーズ，概念などをフラッシュカード形式で作成し，様々な学習モードで暗記や理解を深めることができます。

　Quizlet には，スペルチェック，マッチングゲーム，テストなどの学習モードがあり，個人学習やクラスでのグループ学習にも活用されています。

　私はこのツールを知ったとき，「こんな便利なプラットフォームを使わない手はない！」ということで，すぐに教科書の英単語をすべて打ち込み，生徒たちが教科書に準拠した形で使えるようにしました。

　また，文法の基礎学習としても使っており，ミスしても何度でも挑戦できますし，音声を伴った練習ができるため，英語が苦手な生徒にとっても取り組みやすくなっていると感じます。

Quizlet の使い方

　私が生徒たちに Quizlet を使わせる際，特に効果的な方法として，まず「フラッシュカード」を使用して英単語の意味を確認させます。これにより，生徒たちは新しい語彙を視覚的に学習することができます。

　その後，「音声チャレンジ」機能を活用してスペリングを覚えさせます。

この機能では，音声も聞けるため，生徒たちは英単語の発音を確認しながらスペリングを練習できます。従来の単語テストとは違い，「しゃべる単語テスト」として活用でき，印刷や採点の手間を省ける利点があります。

　また，次の定期テストの範囲に対応する学習セットのURLを，生徒たちがいつでもアクセスできるようにタブレット上のサーバー内やクラスのホームページなどで共有し，自主学習を促しています。これにより，生徒たちは自分のペースで復習ができます。

　また，授業の最初に帯学習としても使用することで，学習の定着を図ることも可能です。私は，QuizletやKahoot!等でつくったURLをすべて一元管理できるようにPadletに貼り付けるようにしています。「シェルフ」という機能を使い，「1年生1学期で学ぶ単語」「3年生2学期で学ぶ単語」などと区分けすれば，中学生でもわかりやすくアクセスすることができます。

　なお，Padletに掲示して「やっておくように」だけで単語を練習する生徒は稀です。定期的に紙の単語テストを行うなどして，習熟度を測っておくことも大切です。

Quizletは使い方が無限。使い方を覚えれば，高校でも学習に応用することができる。

50 TypeGO を使って語彙学習をする

自治体の規制などで Quizlet の使用が難しければ、「TypeGO」の使用も検討を。

タイピング練習と語彙学習を同時に行えて便利。

TypeGo とは？

　TypeGO は，外国語とタイピングを同時に学べる ICT ツールです。ルールは「制限時間内にタイピングで高スコアを目指そう」といたってシンプルなものです。英語を模写するタイピングや，ディクテーションなど，習熟度に応じて様々なレベルに切り替わります。私も開発に関わらせてもらっています。

　特徴としては，とにかく使いやすいことが挙げられます。生徒たちがさっとアクセスできることは，授業のテンポという意味でもとても大切です。

　また，学習内容は学校の教科書に準拠しているため，学びに無駄がありません（2024年現在，NEW HORIZON や NEW CROWN など日本で使われているほぼすべての教科書をカバー）。また，成績管理がしやすい点も特徴の1つです。

　教員アカウントには生徒の学習履歴を反映したダッシュボードがあり，いつでもどこでも学習パフォーマンスを管理・把握できます。

タイピングで英単語を覚えるという感覚

　私の世代では，紙に何度も書いて英単語を覚えていました。知らない英単語が出てくるたびに何度もノートに書き取り，なんとか頭に入れようと努力

していました。

　しかし，**今後はタイピングによる語彙習得が主流になると思っています。**音声を伴う練習ができますし，何よりその効率は紙とペンによる学習とは比較になりません。タイピングで練習すれば，紙とペンの何倍ものスピードで練習できるからです。しかも，間違いはすぐに訂正してくれるので，安心して取り組むことができます。

　ただもちろん，紙とペンの方が頭に残るという生徒もいるかもしれません。**学習の方法は生徒に選択肢をいくつも提示しつつ，自律した生徒の育成のために学習の環境を整えていくことも英語科主任の仕事の1つでしょう。**

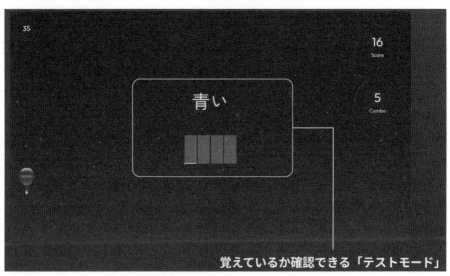

他にも TypeGO には様々なモードがあります

心得㊿

タイピングで英単語を学ぶことは，音声を聞きながらスペリングを学べるよい勉強方法。自宅で練習する環境を整えよう。

英語ができないのは，正しく教えていないから

　「うちの生徒は英語が苦手で…」そんな声をよく耳にします。しかし，それは本当に生徒だけの問題でしょうか。英語科主任として多くの授業を行い，多くの授業をしてきた中で，「教え方」こそが鍵を握ると強く感じています。
　例えば，生徒が単語を覚えないと嘆く前に，単語を楽しく学べる工夫をしているかを振り返ってみる必要があります。ただ書き取りを繰り返すだけでなく，視覚的な要素やゲーム感覚を取り入れることで，生徒の記憶に残りやすくなります。Kahoot! や TypeGO はその最たる例でしょう。また，文法を教える際も，難しい用語ばかりを並べるのではなく，端的に説明して残りの時間はとにかくたくさん使って覚えるとよいでしょう。
　さらに重要なのが，「英語を使う楽しさ」を伝えることです。英語の授業がただの暗記やテスト対策の場になってしまっては，生徒は興味を失ってしまいます。ペアでの会話練習や，簡単な物語をみんなで作る活動などを通じて，生徒が「英語を使える」という成功体験を積むことが，モチベーションの向上につながります。
　もちろん，授業の改善・学校全体の英語力を上げるためには，時間もエネルギーも必要です。忙しい日々の中で新しいアイデアを取り入れるのは簡単ではありません。しかし，教える側が変われば，生徒も変わります。授業の工夫を重ねることで，「英語ができない」と感じている生徒が自信を持ち，「もっと英語を学びたい」と思えるようになるのです。
　英語科主任として，まずは自分自身が「教えること」を問い直し，全員で改善のアイデアを出し合える場を作ることが大切です。生徒が英語を学ぶ楽しさを感じられる授業を目指して，私たちも学び続けていきましょう。

第8章
効果的・効率的なテスト作成

51 Googleアカウントを立ち上げる

地区内に Google アカウントを立ち上げて，情報を共有。地区内の多くの学校では同じ範囲での定期テストを行っているのに，その知見を生かさないのはもったいない。

地区内 Google アカウント

英語科主任として，地区全体の教育資源を効果的に活用することは，働き方改革の一環として非常に重要です。そのために，私は令和7年度に向けて，地区内で Google ドライブのアカウントを立ち上げ，定期テストやワークシートを共有する取り組みを進めています。

この取り組みは，単に作業負担を軽減するだけでなく，教育の質を向上させるための重要なステップです。多くの学校では，定期テストの範囲がほぼ同じです。しかし，各学校が独自にテストを作成するのではなく，地区全体で共有されたテストを活用することで，**作成にかかる時間と労力を大幅に削減できます**。

さらに，各校の教員が他校のテストを参考にすることで，新たなアイデアや視点を取り入れることができ，テストの質を向上させることが可能です。

教材の共有と教員間の連携

Google ドライブを活用することで，テストだけでなくワークシートや補助教材も保存・共有できるようになります。これにより，教員間での連携が促進され，働き方改革が一層進むでしょう。

特に，場面設定や目的，状況をうまく取り入れたテストやワークシートを

共有することで，若手の先生方が他の教員の工夫やアイデアを学ぶ機会が増えます。こうした資料を参考にすることで，若手の先生方は自身の授業力を向上させることができ，結果として地区全体の教育水準が上がることが期待されます。

　さらに，これらの共有資料は定期的にブラッシュアップされることが重要です。共有されたテストやワークシートに対して，教員一人ひとりがフィードバックを行い，改善点を提案することで，資料はよりよいものへと進化していきます。

　このプロセスを通じて，地区全体での協力体制が強化され，各校の教員がお互いに学び合う環境が整います。私たちの自治体では，毎月一度「英語科主任会」を開催しており，Zoom や参集型で情報を共有しています。この場を利用して，Google ドライブの立ち上げや資料のアップロードについて話し合いを進めています。

　こうした取り組みを通じて，地区全体での資料共有が本格的に始まり，教員一人ひとりの負担が軽減されるだけでなく，教育の質もさらに向上することでしょう。このように，Google ドライブを活用した資料共有は，働き方改革の一環としてだけでなく，教育の向上にも大きく寄与するものです。今後も，地区全体での連携を深め，ともに成長していくことを目指します。

勤務校だけでなく地区内を見渡して取り組みを進めるのも大切。

52 テスト問題はテンプレ化する

テストの形式をテンプレ化しておくと英語科全体の先生が迷わずに作問に取りかかることができる。また，良問を参照できるようにしておくとベター。

テスト形式はテンプレートで

　学年や学期にもよると思いますが，定期テストをできるだけテンプレート化しておくことは，英語科教員がテストを作問する際に大きな手助けになります。

　例えば，私の場合は，中3のテストをつくるとき，大問1と2は長文（会話文を含む），大問3は英作文，大問4を文法や会話表現の問題などと決めています。この流れは自治体の公立入試を参考にしており，生徒たちに入試形式に慣れてもらうことも目的としています。**もし定期テストの流れに迷ったら，自治体の入試を見てみるとよいでしょう。**

良問を参照できるようにしておこう

　学習指導要領の改訂が行われてから，評価の考え方も大きく変わりつつあります。

　旧学習指導要領と新学習指導要領では，評価に対する考え方にかなりの違いがあり，定期テストのつくり方も見直す必要が出てきました。しかし，先生方の中には，多忙な日々の中で新たな評価方法について十分に学べていない方も少なくありません。

　そこで，現行の学習指導要領の考え方を反映させた問題を作成し，これを

教科部会で配布して共有したり，テスト問題の読み合わせを行ったりすることが有効です。新しい評価基準に沿った問題を実際に見て話し合うことで，自然と理解が深まり，指導の一貫性も生まれるでしょう。

　私は，前回の学習指導要領改訂の際には大規模校で英語科主任を務めており，評価方法と授業デザインを一から学び直しました。その際，大いに参考になったのが，国立教育政策研究所のホームページです。このサイトには実際のテスト問題例が豊富に掲載されており，実践的な評価のイメージをつかむために非常に役立ちました。(https://www.nier.go.jp)

　学習指導要領が改訂されるたびに，このような情報源を熟読することは，新しい基準に基づいた評価の理解を深めるために効果的です。先生方が手軽にアクセスできるリソースを活用し，新たな評価の方向性をしっかりと押さえていくことで，生徒の学びの質も向上させることができるでしょう。

```
名前
📁 テスト見本
📁 第1回定期テスト
📁 第2回定期テスト
📁 第3回定期テスト
📁 第4回定期テスト
📁 問題例（国立教育政策研究所より）
⬆ R6テスト範囲
```

過去の定期テストや問題例などを保存しておきます

テスト作成は大きな労力が必要。業者テストに切り替えることが難しければ，テストのテンプレートをつくり，負担の軽減を図ろう。

53 たまには長文問題を AI につくってもらう

定期テストの長文問題は英語教員の悩みの種。ただ，語彙レベルにさえ注意すれば，AI につくってもらうというのもたまにはありかも？

教科書本文のパラレルテキストを AI でつくってみよう

　定期テストではできるだけ初見の英文を扱うことが望ましいですが，同時に教科書本文を生徒がどれだけ理解しているかも確認したいことがよくあります。

　そのような場合，AI に頼ってパラレルテキストを作成してもらうのも1つの方法です。例えば，AI に教科書本文を読み込ませ，「できるだけ同じレベルの語彙を使って，パラレルテキストをつくってください」と指示するだけで，元の内容に近いものの，少し異なる表現や言い回しを取り入れたテキストを生成できます。これにより，生徒は教科書内容に基づいた理解力を問われつつ，異なる表現に触れることができ，定期テストに適した新たな英文として活用できます。

　また，教科書の偉人に関するパートでは，他の偉人についても同様の文体や語彙を用いて書かせることで，生徒に新たな知識や視点を与えることが可能です。あるいは，教科書の物語部分を拡張する形で続きを書いてもらったり，物語を読んだ生徒の感想レポートの形にした英文を作成することで，生徒が表現力や思考力を磨く一助にもなるでしょう。

　さらに，教科書に付属している DVD にある単語データベースを活用して，特定の語彙レベルに合わせたテキストを生成することも可能です。

なお，入力の際は必ずオプトアウト設定をして，情報漏洩などのリスクに備えるようにします。

AIの活用は教育の質を高めるために

こうしたAIの機能を生かすことで，生徒の学習レベルや定期テストの目的に応じたテキストを効率的に準備できます。AIの活用によって，教師は煩雑な長文作成作業を軽減できるだけでなく，生徒にとって幅広い英語表現や語彙に触れる機会を提供できます。さらに，生徒がAIを用いて自分の作文やレポートをチェックしたり，表現の幅を広げたりするためのサポートにも役立つでしょう。

これからは，生徒も教師も，こうしたAIツールをうまく活用して学習や業務を進めていく時代です。依頼できる作業はAIに任せ，その分，教師が本来集中すべき指導や個別対応により多くの時間を割けるようにしましょう。AIの力を借りることで，教育の質をさらに高め，教師としての専門性をより生かせる教育環境を築くことが目指されるべきです。

1. AIへの指示内容を明確化
①原文の入力
　教科書本文をそのままAIに入力します。
②パラレルテキスト作成の条件
　以下のような指示をAIに与えます。
例：「この英文を元に，同じレベルの語彙を使い，内容を少し変えたパラレルテキストを作成してください。」
　指定するレベル（CEFR-J A1.2など）や指定する語彙（特定の単語データベースに基づく語彙制限）も条件とする。

2. 出力テキストの確認と修正
①生成されたパラレルテキストの確認
　語彙レベルや内容が指示に沿っているか確認します。
②学習目的に応じた微調整
　AIが生成したテキストを必要に応じて手直しし，教科書内容と完全に重複しないようにします。

AIを使ったパラレルテキスト作成の手順

AIをどう活用するかが今後の鍵。よいものはどんどん使いながら，教師にしかできない仕事をしよう。

54 リスニング問題は授業中に扱う

定期テストで「リスニング問題」を出題している学校は多い。しかし，果たして本当に定期テストで時間を割いて出題するのは適切だろうか？

フリースロー問題

　あなたは，テニス部員として毎日活動してきました。3年生の夏，指導者の先生はサービスの成功率をベンチ入りのメンバーを決める指標とすると言いました。そこで，部員全員が「2回」サービスを行い，その確率を計測しました。これにあなたは部員としてどう思いますか？

　ここでのサービスの確率は，全員が「0％」「50%」「100%」のいずれかになるでしょう。たった2回の計測で，自分のサービスの成功率を決められてしまったら，少し納得いかない感じがします。

　これは，英語の評価に関しても同じようなことがいえると思っています。例えば，リスニングの問題を学校の定期テストの時間に問うている学校は多いと思います。公平性は高いと思いますが，他にもリーディングやライティングもテストで測っていることと思います。テストの中で様々な技能を測ると，1つの技能にかけることができる時間や問題数は減ってくるでしょう。

　そこで，リスニングの問題をテスト時間ではなく授業中に行ってはいかがでしょうか。

リスニングの問題を授業中に行うことのメリット

　リスニングの問題をテスト中ではなく授業中に行うことのメリットは3つ

あります。

　1つ目に，多くの問題を問えることです。テストの時間は限られていますが，授業中なら時間が確保でき，「サービス」の回数を増やすことができます。これまで私は定期テストで多くの問題をリスニングの問題として問えていませんでしたが，授業中に行うことで，2倍以上の問題を問うことできるようになりました。

　2つ目に，授業者が自分のタイミングで問題を実施できることです。あまりにも他クラスと実施期間が離れているのはよくありませんが，「この1週間で全クラス実施」とある程度の余裕をもって行うことで，授業者に心の余裕が生まれます。

　3つ目に，Googleフォームなどの自動採点機能を使うことができる点です。オンラインの自動採点機能を定期テスト中に使い，なんらかの不備があると大変ですが，授業時間中ならペーパーに切り替えるなど対応ができます。そして，不備がなくクラスで自動採点が実施できたら，一気に数百人分の採点を行い，そのまま成績のファイルに反映させることができ，働き方改革につながります。

　よく，「リスニング問題だけでなくライティングの問題も授業中に行ってはどうか」という意見がありますが，それは私は反対です。ライティングの問題だとやはりその問題内容が他クラスに漏れる可能性があります。リスニングの問題であれば，音声が流れていってしまうので，授業中に実施し他クラスと時間差が生まれても，その内容が漏れることはありません。

一度当たり前を疑ってみるのも英語科主任の大切な仕事。英語科の習慣となっていることを一度考え直してみよう。

55 いつでもテストをつくれる環境をつくる

テスト作成は大きな負担。
そこで，年間分の範囲を決めてしまい，いつでもテストをつくれるようにするとよい。

年間のテスト範囲を決めてしまおう

　毎年4月の教科部会，皆さんが思い浮かべるのは「やることいっぱいで頭がパンクしそう！」というイメージかもしれません。
　でも，ちょっと待ってください！　ここで1年間のテスト作成者と範囲を一気に決めてしまうという作戦があるんです。これをやれば，未来の自分に感謝されること間違いありません。しかも，教員全員がいつでもテストをつくれるようになるので，働き方改革にもつながります。
　まず，早い段階でテスト範囲を決めてしまうと，副教材の範囲も自然と決まります。これで，テスト直前に「え，これって範囲に入れるべき？」と悩むこともなくなります。進度を確認しながら範囲を決めると，どうしても「ここはまだ教えてない！」などとバタバタしがち。でも，年間のテスト範囲をあらかじめ決めておけば，そうした混乱を解消できます。

年間計画の作成にも役立つ

　年間計画も，テスト範囲が決まっていると立てやすいです。「この時期にはこんな力をつけるぞ！」と，教員全員が同じゴールを目指して進めるので，生徒たちも安心して学べます。もちろん，テスト作成もスムーズに進むので，余裕をもって準備できるでしょう。

さらに、テスト作成が効率的に行えるようになると、教員の業務負担が軽減され時間外勤務も減ります。例えば、授業の質を向上させるための時間をもっと確保できるようになるので、教員生活がぐっと楽になります。

　4月の教科部会で1年間のテスト作成者と範囲をバシッと決めることで、安心して1年を乗りきる体制を整えましょう。

英語科　R6　テスト範囲			
	1年生	2年生	3年生
第1回	P4〜P31 Unit0〜Unit3 Part 1	P4〜P31 Unit0〜Let's Talk 2	P4〜P31 Unit0〜Unit2,Grammar for Communication
第2回	P32〜P56 Unit3 Part 2〜Small Talk! 1	P32〜P56 Unit3〜History of Clocks	P35〜P55 Unit4〜A mother's Lullaby
第3回	P57〜P86 Unit6〜Unit8 Grammar for Communication	P57〜P85 Unit4〜Unit6 Scene 1	P56〜P83 Unit4〜Unit5, Grammar for Communication
第4回	P 86〜P 114 Unit9〜Unit11	P121まで Unit6 Scene2〜 Stage Activity 3	P101まで Discover Japan〜Let's Listen 6

英語科　R6　テスト範囲			
	1年生	2年生	3年生
第1回	P4〜P31 Unit0〜Unit3 Part 1	P4〜P31 Unit0〜Let's Talk 2	P4〜P31 Unit0〜Unit2,Grammar for Communication
第2回	P32〜P56 Unit3 Part 2〜Small Talk! 1	P32〜P56 Unit3〜History of Clocks	P35〜P55 Unit4〜A mother's Lullaby
第3回	P57〜P86 Unit6〜Unit8 Grammar for Communication	P57〜P85 Unit4〜Unit6 Scene 1	P56〜P83 Unit4〜Unit5, Grammar for Communication
第4回	P 86〜P 114 Unit9〜Unit11	P121まで Unit6 Scene2〜 Stage Activity 3	P101まで Discover Japan〜Let's Listen 6

英語科　R6　テスト範囲			
	1年生	2年生	3年生
第1回	P4〜P31 Unit0〜Unit3 Part 1	P4〜P31 Unit0〜Let's Talk 2	P4〜P31 Unit0〜Unit2,Grammar for Communication
第2回	P32〜P56 Unit3 Part 2〜Small Talk! 1	P32〜P56 Unit3〜History of Clocks	P35〜P55 Unit4〜A mother's Lullaby
第3回	P57〜P86 Unit6〜Unit8 Grammar for Communication	P57〜P85 Unit4〜Unit6 Scene 1	P56〜P83 Unit4〜Unit5, Grammar for Communication
第4回	P 86〜P 114 Unit9〜Unit11	P121まで Unit6 Scene2〜 Stage Activity 3	P101まで Discover Japan〜Let's Listen 6

年間の見通しを4月の段階で立ててしまいましょう

学習の見通しが必要なのは、生徒だけでなく先生方も同じ。年間のテスト範囲を決めてしまい、時間のあるときにいつでもテスト作成ができる環境をつくろう。

第8章　効果的・効率的なテスト作成

おわりに

　本書をここまでお読みいただき，本当にありがとうございます。英語科主任という役割は，忙しいだけでなく，責任も重く，ときには「なんで自分がこんなに頑張ってるんだろう」と思うこともあるかもしれません。特に，自分が直接担当していない生徒・クラスへのマネジメントも含まれるため，モチベーションが保てないときがあるかもしれません。それでも，このポジションには「多くの生徒たちの未来に直接関われる」という特別な魅力があると，私は信じています。

　執筆を通じて，私自身もこれまでの経験を振り返り，「あのときこうすればもっとよかったかも」と思う場面も数えきれないほどありました。この本に書かれている内容は，すべて正解というわけではないかもしれませんが，どこか一つでも，皆さんの日々の業務や考え方をちょっと楽にするヒントがあればうれしいです。

　教育現場は日々変化し続けています。英語教育も，これまで以上に柔軟で創造的なアプローチが求められる時代に突入しています。そんな中で，皆さんが子どもたちに寄り添いながら奮闘されている姿は，同じ現場に立つ者として本当に励みになります。「世界一多忙な職」とも言われる日本の先生たちが，今日も頑張っていると思うと，「私も少しでも前に進もう」と背筋が伸びる思いです。

　最後に，執筆に協力してくれた家族や同僚，そしてこの本を読んでくださった皆さんに，心から感謝します。この本が，皆さんの仕事を少しでも楽しく，充実したものにするきっかけになれたら，こんなにうれしいことはありません。私は，これからもどこかで発信をしています。どこかでリアルでお会いできたら，「本読んだよ！」と気軽にお声掛けください。

　どうかこれからも，英語教育の現場であなたらしく輝き続けてください。そして，ときには肩の力を抜いて，自分のペースで進んでください。本当にありがとうございました。

江澤隆輔

【著者紹介】

江澤　隆輔（えざわ　りゅうすけ）

福井県公立中学校教諭。小・中学校に勤務し，教師の働き方改革や授業改善への提案を続けている。

2024年11現在1,100名以上が在籍するオンラインサロン『英語教員がちサロン』を運営。Voicyパーソナリティなども務める。『クラス全員が話せるようになる！スピーキング活動アイデア＆指導技術』『苦手な生徒もすらすら書ける！テーマ別英作文ドリル＆ワーク』（ともに明治図書），『教師の働き方を変える時短』（東洋館出版社）など，著書多数。

実務が必ずうまくいく
中学校　英語科主任の仕事術　55の心得

2025年3月初版第1刷刊 ©著　者	江　　澤　　隆　　輔
発行者	藤　　原　　光　　政
発行所	明治図書出版株式会社
	http://www.meijitosho.co.jp
	(企画)新井皓士　(校正)奥野仁美
	〒114-0023　東京都北区滝野川7-46-1
	振替00160-5-151318　電話03(5907)6701
	ご注文窓口　　　　電話03(5907)6668
＊検印省略	組版所　株式会社木元省美堂

本書の無断コピーは，著作権・出版権にふれます。ご注意ください。

Printed in Japan　　　　　　ISBN978-4-18-451032-6
もれなくクーポンがもらえる！読者アンケートはこちらから →